Keller | Romeo und Julia auf dem Dorfe

Lektüreschlüssel XL

für Schülerinnen und Schüler

Gottfried Keller

Romeo und Julia auf dem Dorfe

Von Klaus-Dieter Metz

Reclam

Dieser Lektüreschlüssel bezieht sich auf folgende Textausgabe:
Gottfried Keller: *Romeo und Julia auf dem Dorfe. Novelle.*
Hrsg. von Wolfgang Pütz. Stuttgart: Reclam, 2013 [u. ö.].
(Reclam XL. Text und Kontext, 19040.)
Diese Ausgabe des Werktextes ist seiten- und zeilengleich
mit der in Reclams Universal-Bibliothek Nr. 6172.

E-Book-Ausgaben finden Sie auf unserer Website
unter www.reclam.de/e-book

Lektüreschlüssel XL | Nr. 15487
2019 Philipp Reclam jun. Verlag GmbH,
Siemensstraße 32, 71254 Ditzingen
Druck und Bindung: Kösel GmbH & Co. KG,
Am Buchweg 1, 87452 Altusried-Krugzell
Printed in Germany 2019
RECLAM ist eine eingetragene Marke
der Philipp Reclam jun. GmbH & Co. KG, Stuttgart
ISBN 978-3-15-015487-8

Auch als E-Book erhältlich

www.reclam.de

Inhalt

1. Schnelleinstieg

Autor	• Gottfried Keller, 1819–1890, Schweizer Schriftsteller (Romane, Erzählungen, Gedichte) • nach Schulverweis: Ausbildung als Landschaftsmaler • zeitweise in München, Heidelberg und Berlin ansässig • Erster Staatsschreiber des Kantons Zürich von 1861 bis 1876
Gattung	Novelle
Epoche	poetischer Realismus
Entstehungszeit und Erstausgaben	• 1855 in Berlin niedergeschrieben • 1856: Erstveröffentlichung in *Die Leute von Seldwyla* • 1873/74: Überarbeitung für den Novellenzyklus • 1875: erste Einzelausgabe
Inhalt und Form	• Liebe und Freitod zweier Jugendlicher aus verfeindeten Elternhäusern in einem Schweizer Dorf • Unterscheidung in Väter- und Kindergeschichte • erzählte Zeit: zwölf Jahre • novellistischer Wendepunkt: Salis Steinschlag • der schwarze Geiger: Schicksalsfigur und Todesbote
Stoffliche Grundlagen	• Fortsetzung der Romeo-und-Julia-Tradition • Anlehnung an das Genre der Dorfgeschichte • Vorlage: Zeitungsnotiz über den Freitod eines jugendlichen Liebespaars • Beeinflussung durch Ludwig Feuerbachs Philosophie vom »Diesseitsglauben«
Themen und Aktualität	• Gewinnstreben auf Kosten anderer • Unrecht, Schuld und deren Folgen • Ausgrenzung und Vertreibung von Randgruppen • Opfer von Feindschaft, Hass, Gewalt • Kinder als Leidtragende • Lösungssuche statt Ausweglosigkeit • Liebe und Lebensbejahung

Eine Kurzmeldung macht den Anfang. In ihr heißt es, ein jugendliches Liebespaar habe sich nach durchtanzter Nacht in einem Wirtshaus eines sächsischen Dorfes auf dem Feld erschossen, da es wegen seiner zerstrittenen Elternhäuser nicht habe zusammenkommen können.[1]

Züricher Freitags-Zeitung, 3. September 1847

Diese Nachricht steht am 3. September 1847 in der *Züricher Freitags-Zeitung.* Sie wäre aber längst vergessen, wenn nicht ein Schweizer Dichter die Meldung zum Ausgangspunkt einer Geschichte gemacht hätte. Zeit seines Lebens hat Gottfried Keller immer wieder Wert darauf gelegt zu betonen, dass seine Geschichte von Romeo und Julia auf diese Weise entstanden und keine bloße Nachahmung Shakespeares sei.

Realität, nicht Nachahmung

Wenn ein Dichter – so leitet Keller seine Geschichte ein – sich wieder einmal eines traurigen Schicksals annimmt, wie es jener Zeitungsnachricht aus dem Jahr 1847 zugrunde liegt, dann muss er wissen, dass ein solches Geschehen nicht einmalig, nicht originell ist, sondern dass auf Stoffen dieser Art von jeher »die großen alten Werke gebaut sind« (S. 3); denn die Zahl dieser Fabeln ist zwar gering, »aber stets treten sie in neuem Gewande wieder in die Erscheinung« (S. 3).

Uralter Stoff … in immer neuen Variationen

Also hat auch Keller seine Geschichte *Romeo und Julia* betitelt, um von vornherein zu demonstrieren, dass sich solche uralten Geschichten immer wieder aufs Neue ereignen. Hätte er dies unterlassen, wäre er

1 Siehe Kap. 5 »Quellen und Kontexte«, S. 48.

zudem kaum dem Vorwurf entgangen, er habe sich einer großen alten Tradition bedient, ohne dies kenntlich zu machen. Die stets in neuen Variationen und Brechungen wiederkehrenden Urstoffe faszinieren offensichtlich Dichter so sehr, wenn sie ihnen im wirklichen Leben begegnen, dass sie gar nicht anders können, als sie auf ihre eigene Art festzuhalten, sie also in Poesie zu verwandeln. Und sie bauen darauf, dass ihr Werk Leser und Leserinnen abermals für sich gewinnt, denn die alten Stoffe müssen sich unaufhörlich an der Wirklichkeit reiben, sich an ihr beweisen, in ihr zu Hause bleiben.

Was sich also früher bei Shakespeare abgespielt hat, ist auch bei Keller nicht aus der Welt geschafft: Zwei Menschen möchten zueinander finden, sich ganz gehören. Das kann aber nicht geschehen, da sie Gruppen oder Parteien angehören, die sich feindlich gegenüberstehen. Dies ist die Grundsituation, aus der die Katastrophe entsteht; denn die beiden, die sich lieben, gehen in den Tod, weil sie nicht zusammenkommen dürfen.

■ Grundsituation: Feindschaft und Liebe

Kellers Geschichte lehrt darüber hinaus – und darin unterscheidet sie sich gründlich von Shakespeares Tragödie – warum Menschen überhaupt zu Romeos und Julias werden, warum Streit und Feindschaft entstehen, wie Unrecht und Schuld, zuerst meist alltäglich, nicht erwähnenswert, im Stillen und Verborgenen wachsen, dann groß werden, überhandnehmen, bis sie Menschen rücksichtslos gegeneinander treiben und sie zu unerbittlichen Gegnern machen, die nicht

■ Entstehung von Unrecht und Schuld

nur sich selbst, sondern auch noch die ihnen nahestehenden Personen blindlings mit ins Verderben reißen.

Im Wandel: Schauplätze und Figuren

Was sich bei Shakespeare in der Stadt Verona und bei Keller auf dem Dorfe ereignet, kann sich jederzeit an einem anderen Ort, in jedem Winkel der Welt wiederholen, also im Flüchtlingslager, am Arbeitsplatz, auf der Straße, im Klassenraum, im Jugendtreff, im Sportstadion, beim Feiern im Club. Und wie schon Kellers Figuren nicht mehr Romeo und Julia, sondern Sali und Vrenchen heißen, so wechseln bis heute und in Zukunft die Namen der Menschen, die in Liebe zusammenleben möchten, aber Opfer von Feindschaft, Hass und Gewalt werden, nur weil sie gegnerischen Lagern angehören.

Die eigentliche Botschaft

Alle Romeos und Julias aber stehen als Beweis dafür, dass Liebe auch mitten in einer aussichtslosen Situation noch ihren Platz hat und ihn behauptet. Das muss die eigentliche Botschaft, die Hoffnung sein, die von Geschichten wie Gottfried Kellers *Romeo und Julia auf dem Dorfe* trotz aller Dunkelheit und Tragik ausgeht. Die Unbeteiligten, hier also die Leser, müssen eine Einsicht gewinnen, die weit über das Schicksal aller Romeos und Julias hinausreicht: Die Liebe hat nicht im Tod, sondern im Leben ihren Platz, sie kann nur in der Welt ihren Sinn suchen und ihre Erfüllung finden. Auch Kellers *Romeo und Julia auf dem Dorfe* muss letzten Endes diese Lebensbejahung als Botschaft aussenden können.

2. Inhaltsangabe

Pflügende Bauern und spielende Kinder (S. 3–11)

In der Nähe eines Flusses, unweit von Seldwyla, einem kleinen Schweizer Städtchen, erstrecken sich über eine Anhöhe drei Äcker. Dort pflügen an einem sonnigen Septembermorgen Manz und Marti, zwei etwa 40 Jahre alte Bauern aus einem nahegelegenen Dorf, die beiden äußeren Felder mit sicherer Hand. Nur der mittlere, seit mehr als 20 Jahren herrenlose Acker trennt die Pflüger voneinander. Diese gehen zwar in entgegengesetzter Richtung, sonst aber kaum voneinander unterscheidbar, ruhig und harmonisch ihrer Arbeit nach.

■ Pflügende Bauern

Erst als die Kinder der beiden Männer, der siebenjährige Sali und die fünfjährige Vrenchen[2], einen Imbiss in einem kleinen Wägelchen heranfahren, unterbrechen Manz und Marti ihre Tätigkeit und setzen sich einträchtig zusammen. Dabei kommt bald die Rede auf den mittleren, inzwischen vollkommen verwilderten Acker und dessen mutmaßlichen Eigentümer. Es handelt sich um einen Landstreicher, Gele-

2 Anders als in Kellers Text wird die Figur von Vrenchen im Lektüreschlüssel ihrem natürlichen Genus (Femininum), nicht dem grammatischen Genus (Neutrum) zugeordnet. Entsprechend stehen hier für Vrenchen einheitlich weibliche Artikel und Pronomen; Zitate aus Kellers Novelle bleiben davon unberührt.

Abb. 1: Pflügende Bauern und spielende Kinder; Holzschnitt von Ernst Würtenberger. – In: *Schweizerland* 5 (1919) H. 9/10

Manz und Marti über den schwarzen Geiger

genheitsarbeiter und -musiker: den schwarzen Geiger; so genannt, da ihm mit der Zeit der bürgerliche Name verlorengegangen ist. Manz und Marti, beide gestandene Bauersleute, sind wie alle anderen Dorfbewohner jedoch in keiner Weise bereit, den Wohnsitzlosen in ihre Gemeinde aufzunehmen; denn sie enthalten ihm wissentlich das ihm zustehende Stück Land vor, auf das er als Enkel des ehemaligen Eigentümers, eines längst verstorbenen Trompeters, Anspruch hätte. Obwohl Manz und Marti Abhilfe schaffen könnten, denken beide nicht daran, das Verwandtschaftsverhältnis und den daraus folgenden

Erbanspruch auf den verwilderten Acker zu bezeugen, sodass der schwarze Geiger ohne Papiere und damit ohne Rechte bleibt.

Während dieses Gesprächs richten die beiden Kinder mitten in der Wildnis des herrenlosen Ackers ihren Spielplatz ein. Hier zerstören und begraben sie Vrenchens mitgebrachte Puppe, in deren Kopf sie zuvor noch eine lebende Fliege eingesperrt haben. Anschließend zählen sie sich im friedlichen Beieinander und in kindlicher Unschuld gegenseitig ihre Zähnchen durch, ohne zu einem Ergebnis zu kommen, ehe sie in der warmen Herbstsonne erschöpft einschlafen.

Als die Väter endlich ihre Feldarbeit beendet haben, pflügen beide, jeder auf seiner Seite, eine stattliche Furche vom verwilderten Acker ab und schlagen sie in stiller Übereinkunft ihrem Eigentum zu, ohne dass der eine das Unrecht des anderen wahrnehmen will.

■ Landraub der Väter

Streit der Väter (S. 11–30)

Dieser unscheinbare, einmal jährlich begangene Frevel, der den mittleren Acker allmählich zu einem langen, schmalen Band schrumpfen lässt, wiederholt sich so lange, bis endlich das Reststück zur Versteigerung kommt. Die einzigen ernsthaften Bieter sind die beiden Anlieger, wobei Manz es schließlich erwirbt.

■ Versteigerung des mittleren Ackers

Marti hat allerdings kurz zuvor aus dem unteren Teil des Versteigerungsobjekts noch einen auf den ersten Blick unscheinbaren Zipfel herausgepflügt und diesen seinem Feld zugeschlagen. Da er nun nicht bereit ist, diese das Auge störende Unregelmäßigkeit wieder rückgängig zu machen, und Manz keineswegs auf das herausgeschnittene Dreieck verzichten will, belastet dieser beim Säubern seines neu erworbenen Grundstücks das strittige Eckchen Land mit all den Steinen, die beide Bauern von jeher während des Umpflügens ihrer Äcker auf das herrenlose Anwesen geworfen haben. Diese aus Rache von Manz auf dem Dreieck errichtete Steinpyramide ist der Ausgangspunkt für langjährige gerichtliche Auseinandersetzungen zwischen den zwei Bauern, die nicht eher ruhen, bis sie ihre Familien zugrunde gerichtet haben. Um mit den zwei Prozessführenden ihren Spaß zu treiben oder in ihre eigene Tasche zu wirtschaften, helfen ›Berater‹ aus dem nahen Seldwyla kräftig mit, durch falsche Ratschläge die Streitenden vollends in den Ruin zu treiben.

■ Dreieck und Steinpyramide

Schließlich ist Manz der Erste, der völlig verarmt sein Anwesen aufgeben und das Heimatdorf verlassen muss, um notgedrungen in Seldwyla eine abgewirtschaftete Kneipe zu übernehmen, ohne damit die weitere Verarmung seiner Familie und die zunehmende Verwahrlosung seiner Persönlichkeit aufhalten zu können. Der Rivale Marti hält sich nach wie vor auf seinem Hof, da er nach dem Tod seiner Frau, die frühzeitig aus Scham und Kummer gestorben ist, nur für sich und seine anspruchslose Tochter aufkommen muss, sodass er weniger verbraucht als die dreiköpfige, mehr zur Prahlerei neigende Familie Manz.

■ Verarmung und Verwahrlosung

Nach zwölf Jahren sind beide Bauern ganz unten angekommen, und es bleibt ihnen nichts anderes übrig, als sich mit Fischfang das Allernotwendigste zum Leben zu beschaffen und zugleich mit stundenlangem Angeln den Tag totzuschlagen. Nach wie vor haben die Männer allein im Kopf, was man dem verhassten Gegner Böses anhängen oder besser noch, wie man ihn vollends in den Abgrund stoßen kann.

■ Beim Fischen

Leidtragende des endlosen Streits zwischen beiden Familien sind die Kinder. Sali ist nun ein ansehnlicher junger Mann im Alter von 19 Jahren, aber ohne eigentliche Erziehung, vor allem aber ohne Ausbildung und Arbeit; Vrenchen ist ein 17-jähriges außergewöhnlich schönes Mädchen, das das unaufhaltsam zerfallende Familienanwesen, so gut es geht, selbstlos zusammenzuhalten versucht.

■ Leidtragende Kinder

Beide Kinder haben sich aus den Augen verloren und sehen sich nach langer Zeit im Beisein ihrer Väter beim Fischfang an einem Bach erstmals wieder. Als die Streithähne nach lauten Beschimpfungen sich auf einem schwankenden Steg auch noch zu schlagen beginnen, sodass knapp über dem Wasser mitten in einem Gewitter ein Kampf auf Leben und Tod einsetzt, bringen Sali und Vrenchen mit vereinten Kräften die außer sich geratenen Männer auseinander, obwohl sie eigentlich ihren Vätern haben beistehen wollen. Als sie auseinandergehen, geben sich beide Kinder sogar, von den Alten unbemerkt, schweigend die Hände.

■ Auf dem Steg

Salis Steinschlag (S. 30–44)

Schon am folgenden Tag finden Sali und Vrenchen wie von selbst wieder zusammen. Ihr Stelldichein verabreden sie da, wo sie schon als Kinder zusammen gespielt haben, nämlich an jenem umstrittenen Ackerzipfel zwischen den beiden Feldern. Unversehens aber begegnen sie hier dem schwarzen Geiger. Nicht nur dessen unerwartetes Auftreten und unheimliches Aussehen, sondern auch die von ihm nun ausgesprochene Schuld der Eltern an seinem Unglück stören beträchtlich die Wiedersehensfreude der Kinder. Zudem beschwert die Prophezeiung des Landstreichers, er werde gewiss noch den Tod des jungen Paares erleben, das Beisammensein.

■ Begegnung mit dem schwarzen Geiger

Wieder allein, vergessen Sali und Vrenchen vorübergehend alles Unglück, während sie mitten im reifen Korn Zärtlichkeiten austauschen. Als aber Vrenchens Vater die beiden aus dem Kornfeld kommenden Kinder entdeckt und er seine Tochter misshandelt, schlägt Sali ihn halb aus Angst, halb im Jähzorn mit einem Stein der ehemals von Manz errichteten Steinpyramide nieder. Er verletzt Vrenchens Vater dabei so schwer am Kopf, dass dieser für immer seinen Verstand verliert.

■ Salis Tat

Liebe und Tod der Kinder (S. 44–80)

Vrenchen verschweigt hartnäckig, wie es zu Martis Verletzung gekommen ist, sodass Salis Schuld unentdeckt bleibt. Nachdem sie fast zwei Monate lang den Vater aufopferungsvoll gepflegt hat, weist man ihn auf Gemeindekosten in eine geschlossene Anstalt in der Hauptstadt des Landes ein, wo Marti den Rest seines Lebens verbringen muss; denn Haus und Hof sind überschuldet und müssen geräumt werden.

■ Marti zu den Geistesgestörten

Als schließlich Vrenchen den Vater auf dessen letzter Reise begleitet hat, verbringt sie erstmals mit Sali den Abend in dem heruntergekommenen Haus, das das Mädchen nur noch zwei Tage bewohnen darf. Wie vor zwölf Jahren draußen auf dem verwilderten Acker schlafen beide Kinder friedlich nebeneinander ein, nur dieses Mal nicht in der mittäglichen Septembersonne, sondern abends auf dem warmen Küchenofen, dem einzigen Gegenstand, der in dem bereits leer geräumten Haus noch Wärme spendet. Den beiden unglücklich Verliebten wird während ihres Beisammenseins aber völlig klar, dass Salis Tat und deren Folgen eine gemeinsame Zukunft endgültig verstellt haben, sodass eine Trennung für immer unumgänglich ist.

■ Sali zu Hause bei Vrenchen

Was Sali und Vrenchen sich schließlich zugestehen, ist ein einziger Sonntag, an dem sie alles das durchleben möchten, was einem Liebespaar sonst in einer langen glücklichen Brautzeit vergönnt ist. Wie vor zwölf Jahren ist auch dieser Tag wiederum ein sonniger Herbsttag, an dem nun frühmorgens Vren-

■ Gemeinsamer Sonntag

chen zusammen mit Sali das elterliche Anwesen verlässt, sodass sie von jetzt an ohne Unterkommen ist. Auch Sali nimmt in einer eigenartigen Stimmung von zu Hause Abschied. Zudem hat er tags zuvor noch seine Uhr mitsamt Kette versetzt, auf Vrenchens Wunsch ein Paar Tanzschuhe für das Mädchen besorgt, und so ziehen beide, einem glücklichen Brautpaar gleich, übers Land. Sie haben nur einen Wunsch: ein einziges Mal glückselig miteinander tanzen zu können, bevor sie dann auseinandergehen wollen.

■ Auftreten als Hochzeitspaar

Nach einem feinen Frühstück in einem Landgasthof essen sie als ein angesehenes Brautpaar im nächsten Ort zu Mittag und besuchen die Kirchweih in einem dritten Dorf, wo Sali ein kleines Lebkuchenhaus für seine heimatlose Vrenchen ersteht und die beiden Kinder auch noch heimlich Ringe füreinander erwerben. Da die Festbesucher sie aber bald als die Nachkommen der zwei verfeindeten und verkommenen Bauernfamilien erkennen, fliehen sie verschämt und verstört vor den sie umringenden Gaffern.

■ Vertreibung

■ Im Paradiesgärtlein

Stattdessen besuchen sie ein halbverfallenes Wirtshaus, das sogenannte Paradiesgärtlein, in dem armes und fahrendes Volk auf seine eigene Art den Festtag verbringt. Hier spielt auch der schwarze Geiger zum Tanz auf. Zur Überraschung von Sali und Vrenchen empfängt er sie sogar freundlich und nimmt sich ihrer an, sodass sie beginnen, sich unter seiner Obhut wohl zu fühlen, und nun endlich so viel tanzen können, wie sie wollen.

Spät abends veranstaltet dann der schwarze Geiger

mit beiden eine Trauungszeremonie nach Art der Heimatlosen und führt sie in einem närrisch ausgelassenen Hochzeitszug über Felder und durch Dörfer. In der Dunkelheit des zu Ende gehenden Sonntags ziehen Sali und Vrenchen wie im Rausch noch einmal an dem Unglücksacker vorüber, der ihr Zusammensein auf Dauer unmöglich gemacht hat. Das verführerische Angebot des schwarzen Geigers, es den Heimatlosen nachzumachen und in deren Gemeinschaft eine wilde Ehe zu führen, lehnen die beiden Bauernkinder aber entschieden ab. Unbemerkt verlassen sie die außer Rand und Band geratene Gesellschaft.

Nächtlicher Hochzeitszug

Der nahe Fluss, dessen Wasser ihnen wie ihr erhitztes Blut in den Ohren rauscht, zieht jetzt Sali und Vrenchen unwiderstehlich in seinen Bann. Beide erfasst gleichermaßen ein leidenschaftliches Verlangen, augenblicklich Hochzeit zu halten und dann in den Tod zu gehen. So tauschen sie als Zeichen ihrer Verbundenheit die auf der Kirchweih füreinander gekauften Ringe und machen ein am Ufer liegendes Heuschiff zum Brautbett. Da Sali es zuvor losgebunden hat, treibt es die ganze Nacht über langsam flussabwärts in Richtung Stadt. Am frühen Morgen gleiten sie in das herbstlich kalte Wasser hinab und ertränken sich eng umschlungen.

Hochzeitsnacht und Freitod

Zeitungsmeldungen berichten über den Tod der beiden Bauernkinder, nicht ohne den zunehmenden Verfall von Sitte und Moral, der hinter der Liebesnacht und dem doppelten Freitod stehe, anzumahnen.

Zeitungsmeldung

3. Figuren

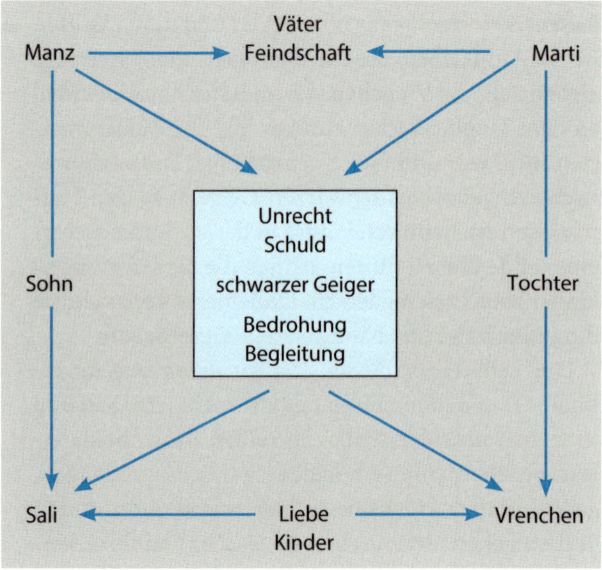

Abb. 2: Figurenkonstellation

Figurenbestand

Gottfried Keller geht in *Romeo und Julia auf dem Dorfe* mit Figuren äußerst sparsam um. Um vier Figuren dreht sich die gesamte Handlung; lediglich zweimal greift eine fünfte entscheidend in die Ereignisse ein. Das aber genügt, um die Geschichte vor den Augen des Lesers plastisch erstehen zu lassen. Die Konzentration auf wenige Figuren erhält noch mehr Gewicht, wenn man berücksichtigt, dass vier der fünf Handlungsträger paarweise zusammengehören (Manz und Marti sowie Sali und Vrenchen); dagegen nimmt der schwarze Geiger, platziert zwischen den beiden Paaren, als Einzelfigur am Geschehen teil.

Hinzu kommen Neben-, ja Randfiguren, die bisweilen in den Vordergrund rücken (Frau Manz) oder für einen Augenblick in die Handlung eintreten, um dann sofort wieder und für immer zu verschwinden (Bäuerin, Wirtsleute, Knechte, Mägde, Landleute, Seldwyler, Heimatlose usw.). Von einer Figur (Frau Marti) ist nur ganz beiläufig die Rede, ohne dass sie dem Leser ein einziges Mal persönlich begegnet.

Manz und Marti

Schon ihre Namen zeigen Zwillinghaftes an, und erst recht kommt dies in ihrem Aussehen und Tun zum Ausdruck. Vor allem das Eingangsbild mit den beiden pflügenden Bauern zeigt ununterscheidbare, zum Verwechseln ähnliche Gestalten in größtmöglicher Übereinstimmung: Beide

■ Zwillinghaftes

> »waren lange knochige Männer von ungefähr vierzig Jahren und verkündeten auf den ersten Blick den sichern, gutbesorgten Bauersmann. Sie trugen kurze Kniehosen von starkem Zwillich, an dem jede Falte ihre unveränderliche Lage hatte und wie in Stein gemeißelt aussah. [...] indessen die wohlrasierten Gesichter ruhig und aufmerksam, aber ein wenig blinzelnd in den Sonnenschein vor sich hin

schauten […]. Langsam und mit einer gewissen natürlichen Zierlichkeit setzten sie einen Fuß um den andern vorwärts und keiner sprach ein Wort, außer wenn er etwa dem Knechte, der die stattlichen Pferde antrieb, eine Anweisung gab. So glichen sie einander vollkommen in einiger Entfernung.« (S. 3 f.)

■ Gemeinsam in den Untergang

Gemeinsam verkörpern sie Arbeitsamkeit, Festigkeit, Geradlinigkeit, ein gesundes Bauerndasein also. Auch Jahre danach, als sie miteinander im Streit liegen, zeigen sie wiederum ein und dieselben Eigenschaften, nämlich Müßiggang, Eigensinn, Engstirnigkeit, und selbst im Stadium des vor Augen stehenden Untergangs kennzeichnen beide Verwilderung und Verwahrlosung ihres Aussehens, ihrer Persönlichkeit und ihres Besitzes. Beide verlegen sich auf das Fischen am Bach, um wenigstens etwas Essbares an Land zu ziehen, und beide müssen schließlich ihr dörfliches Zuhause aufgeben. Zuallerletzt werden sie sogar gewalttätig und gehen aufeinander los. In den Augen der Außenstehenden sind sie Narren, über die man nur lachen und sich lustig machen kann. Manz' und Martis Realitätsverlust ist so groß, dass sie all das nicht mehr wahrnehmen und wie Blinde in ihr Verderben rennen.

■ Typen der gemeinen Art

So gesehen sind Manz und Marti weniger Individuen als Typen. Sie könnten auch Meier und Müller oder Hinz und Kunz heißen. Manz und Marti gehören zu denen, die unter ihresgleichen zusammenhalten, solange der eigene Vorteil gewahrt bleibt. Unterlegenen gegenüber zeigen sie keinerlei Solidarität. Hochmütig, überheblich grenzen sie Menschen aus, die nicht so sind wie sie selbst. Sie schrecken nicht davor zurück, sich deren Besitztümer nach und nach anzueignen, weil solche sozial und wirtschaftlich Schwachen doch nichts taugen und nur alles verderben.

Ungleiches und Trennendes

Als jedoch Manz und Marti selbst auf der untersten Sprosse der sozialen Leiter angekommen sind, trennen sich ihre Wege für immer: Marti, tatsächlich zum Narren geworden, verbringt den Rest seines Lebens in einer geschlossenen Anstalt. Manz dagegen ist unter die Hehler geraten, sodass es nur eine Frage der Zeit bis zu einer Verhaftung ist.

Bei genauerem Hinsehen unterscheiden sich beide Bauern in Kleinigkeiten schon sehr früh: zum ersten Mal eingangs bei ihrer Feldarbeit, da »der eine den Zipfel seiner weißen Kappe nach vorn trug, der andere aber hinten im Nacken hängen hatte« (S. 4). Besonders deutlich werden die Ungleichheiten dann im Streit, als nämlich Marti seinem Rivalen Manz einen Zipfel (man denke an die Mützen!) aus dem herrenlosen Acker herauspflügt, bevor dieser ihn ersteigert. Für Manz aber muss alles »zuletzt eine ordentliche grade Art haben« (S. 13); denn ihn beherrscht »ein wunderbarer Sinn für Symmetrie und parallele Linien« (S. 16). Eben diese Überkorrektheit, die eigene Schuld zudecken soll, gibt den entscheidenden Anstoß zum offenen Ausbruch des Konflikts: Marti nämlich »geniert das Krumme gar nicht« (S. 13) bei der Vergrößerung seines Eigentums, die ja sowieso auf einer krummen Sache beruht. Er seinerseits ist es jedoch, der die gerichtliche Auseinandersetzung beginnt, da die Steinpyramide, die Manz auf dem umstrittenen Dreieck errichtet, für Marti augenblicklich zu einer unerträglichen Belastung auf seinem Grund und Boden wird. Überhaupt schlagen Marti diese Steine vollends nieder; denn ihn trifft die Wucht und Kraft eines Steines so hart und schwer, dass er den Verstand verliert.

Unterschiedlich verlaufen auch Manz' und Martis Familiengeschichten: Marti ist frühzeitig verwitwet; denn seine Frau überlebt den Verfall des Hauses nicht, während Manz' Frau den Weg des Mannes nach unten mitgeht. Sie legt dabei ein eitles, einfältiges und aufgeblasenes Verhalten an den Tag, geht dann zwar in sich, ohne jedoch Einfluss auf den Ehemann zu haben oder selbst die Kraft zur Umkehr aufzubringen.

Die Ehefrauen

In ihrem Verhältnis zu den Kindern unterscheiden sich Manz und Marti seit Ausbruch ihres Streites beträchtlich: Martis Umgang mit seiner Tochter ist lieblos, er zeigt sich Vrenchen gegenüber sogar rücksichtslos, herrschsüchtig und gewalttätig. Aus dem Vater ist ein Unterdrücker geworden. Manz indessen wagt nicht, über seinen Sohn zu bestimmen. Im Gegenteil, Sali ist sich vollkommen selbst überlassen, er kann machen, was er will, den Vater kümmert es nicht. Überhaupt ist Manz der weichere, wehmütigere Typ. So bemerkt der Erzähler nach der Rauferei mit Marti auf dem Steg: »[…] ungesehene Tränen rieselten ihm [Manz] in den Stoppelbart, die er fließen ließ,

Verhältnis zu den Kindern

um sie durch das Wegwischen nicht zu verraten« (S. 30). Trotz oder gerade wegen seiner Verwahrlosung behält Manz »eine unwillkürliche Achtung vor dem Sohne […], in welchem er mit verwirrtem Gewissen und gepeinigter Erinnerung seine eigene Jugend achtete« (S. 20). Schon deswegen geht er Sali gern aus dem Weg, wenn er ihn nicht mit Handlangerdiensten beschäftigt. – Beiden Vätern bleibt aber letztlich gemeinsam, dass sie seit Beginn des törichten Streites jedes Interesse an den Kindern, die ihre beiden einzigen sind, verloren haben.

Sali und Vrenchen

Während Manz und Marti als Erwachsene einem radikalen Veränderungsprozess unterliegen, bleiben ihre Kinder sich selbst treu, bewahren ihre Identität, obwohl sie sich nicht wie ihre Väter in einem fest gefügten Lebensabschnitt befinden, sondern von Kindern zu Heranwachsenden werden müssen. Aber von Erziehungsschwierigkeiten ist über zwölf Jahre hinweg keine Rede. Offensichtlich haben die Not des Elternhauses und ein tiefes Empfinden von Liebe und Leid beide frühzeitig gefestigt und reif gemacht. So prallen an Sali und Vrenchen die Feindschaft und der Hass beider Elternhäuser ab. Sie wehren sich, das Feindbild der Väter zu übernehmen, verweigern also die Solidarität mit der Familie.

■ Selbstbewahrung

■ Feste und reife Persönlichkeiten

Sali im Alter von beinahe 20 Jahren ist ein gutaussehender Mann, der nicht nur Vrenchen, sondern

■ Salis Lage

auch anderen Frauen ins Auge fällt – so jener Kellnerin in einem Gasthof, die mit Blick auf Vrenchen voller Neid bemerkt: »Ach der hübsche junge Mensch kann mich nur dauern« (S. 62). Salis Äußeres ist trotz aller Dürftigkeit im Hause Manz ansehnlich; denn die Mutter »ließ [...] ihm zukommen, was er wünschte, kleidete ihn sauber und prahlerisch und unterstützte ihn in allem, was er zu seinem Vergnügen vornahm« (S. 20). Trotzdem wird Sali seines Lebens nicht froh. Er spürt den Verfall seines Elternhauses von Anfang an, schämt sich seines verwahrlosten Vaters und seiner großtuerischen Mutter. Er weint über dieses Elend, aus dem er sich mit eigener Kraft nicht befreien kann; denn Sali ist ohne Arbeit und ohne Einkommen.

Im Streit zwischen beiden Familien gibt der junge Manz einen »ziemlich zahmen Feind« (S. 20) ab, und so stellt sich auch sein Gewissen nicht quer, als er vom einen auf den anderen Tag sich der Liebe zu Vrenchen bewusst wird. Sofort beginnt er, alles andere dieser Beziehung unterzuordnen. Sozusagen über Nacht wächst er in die Rolle des Freundes, Beschützers, Liebhabers und Bräutigams hinein. Besorgt, verständnisvoll, einfühlsam begegnet er dem zwei Jahre jüngeren Mädchen und hat für sonst niemanden und nichts mehr einen Sinn. Überfordert ist Sali allerdings, als er Vrenchen der Gewalt Martis ausgesetzt sieht. Zorn und Angst nehmen ihm die Kontrolle über sich selbst, sodass er seine Zukunft mit einem einzigen Schlag zerstört.

Liebe zu Vrenchen

Als der Erzähler die Fünfjährige erstmals seinen Lesern vorstellt, hebt er bereits das heraus, was später das Äußere des Mädchens immer wieder bemerkenswert macht: »[E]ine bräunliche Gesichtsfarbe und ganz krause dunkle Haare, welche ihm ein feuriges und treuherziges Ansehen gaben« (S. 5). Im Laufe der Jahre wächst »ein kleines Ding von Mädchen« (S. 4) zu einer ausgesprochen hübschen Person heran, und als nach zwölf Jahren Sali sie sein Eigen nennen kann, vermerkt der Erzähler: »[D]er arme Sali hielt in seinem Arm, was reiche Leute teuer bezahlt hätten, wenn sie es nur gemalt an ihren Wänden hätten sehen können« (S. 40). Natürlichkeit und Schönheit verbinden sich bei Vrenchen so vorteilhaft, dass sie schon ein schlichtes Kleidungsstück und ein geschmackvoller Blumenschmuck zu einem begehrenswerten Mädchen machen und die ärmlichen Verhältnisse, in denen sie aufwächst, zu einer liebenswerten Bescheidenheit werden:

Vrenchens natürliche Schönheit

> »Es hatte nur ein einfaches Kleid an von blau gefärbter Leinwand, aber dasselbe war frisch und sauber und saß ihm sehr gut um den schlanken Leib. Darüber trug es ein schneeweißes Musselinhalstuch, und dies war der ganze Anzug. Das braune gekräuselte Haar war sehr wohl geordnet, und die sonst so wilden Löckchen lagen nun fein und lieblich um den Kopf […], und an der Brust trug es einen schönen Blumenstrauß von Rosmarin, Rosen und prächtigen Astern.« (S. 52)

An das Haus gebunden

Die junge Schöne ist von klein auf daran gewöhnt, aus fast gar nichts wenigstens etwas zu machen; denn ihr Vater ist in keiner Weise bereit, auch nur den geringsten Überfluss seiner Tochter zu gönnen, sodass sie ganz an das Haus und das darin herrschende Elend gebunden bleibt. Vrenchens Bemühen aber, das zerfallende Anwesen trotzdem wohnlich und sauber zu halten, wird zu einem Abbild ihres Wesens:

Bescheidenheit und Würde

> »[D]ie Fenster waren vielfältig zerbrochen und mit Papier verklebt, aber doch waren sie das Freundlichste an dem Verfall; denn sie waren, selbst die zerbrochenen Scheiben, klar und sauber gewaschen, ja förmlich poliert, und glänzten so hell wie Vrenchens Augen, welche ihm in seiner Armut ja auch allen übrigen Staat ersetzen mussten.« (S. 34)

Vrenchens Träume

Trotz aller Begrenztheit und Enge des Daseins schafft sich Vrenchen eine bescheidene kleine Traumwelt voller Phantasien und Wünsche. So erdichtet sie für eine Bäuerin, die gerade das letzte Restchen Hab und Gut aus dem Haus schleppen will, ein richtiges Lügenmärchen von einem Lotteriegewinn, der Sali und Vrenchen zu zwei Glückskindern mache. Ein Ausbruchsversuch aus der traurigen, hoffnungslosen Alltagswirklichkeit ist aber vor allem ihr unbändiges Verlangen, nur ein einziges Mal mit Sali zum Tanz gehen zu können.

Vrenchens unbedingte Liebesbereitschaft und unverstellte Leidenschaft machen das Mädchen zur eigentlichen Hauptfigur, die Sali nicht nur stets einen Schritt voraus ist, sondern ihm auch den Weg weist. So regt sich in Vrenchen zuallererst das Sehnen, sich wie Mann und Frau zu lieben und dann zu sterben:

Die eigentliche Hauptfigur

> »Sali liebte gewiss ebenso stark als Vrenchen, aber die Heiratsfrage war in ihm doch nicht so leidenschaftlich lebendig als ein bestimmtes Entweder-oder, als ein unmittelbares Sein oder Nichtsein, wie in Vrenchen, welches nur das eine zu fühlen fähig war und mit leidenschaftlicher Entschiedenheit unmittelbar Tod oder Leben darin sah.« (S. 77)

Daher ist es auch Vrenchen, die den Wunsch nach einer Hochzeit als Erstes artikuliert – »du bist mein Mann und ich deine Frau, wir wollen es einmal einen Augenblick lang denken« (S. 77) – und damit den Entschluss zum gemeinsamen Selbstmord einleitet. Vielleicht ist die jüngere Vrenchen dem älteren Sali in diesen existenziellen Fragen auch schon deshalb ein Stück voraus, weil sie sehr frühzeitig ihre Mutter verloren hat und der unheilbare Wahnsinn des Vaters sie zu einer Waise macht.

Festhalten am Bürgerlich-Bäuerlichen

Gemeinsam sind Sali und Vrenchen die bürgerlich-bäuerlichen Wertvorstellungen, diese allein bleiben ihnen bis zu ihrem Lebensende Richtschnur des Denkens und Handelns. So können die Kinder von Manz und Marti sich eine Liebe auf Dauer nur in einer ehelichen Gemeinschaft vorstellen. Eine alternative Lebensform, die ihnen der schwarze Geiger nahezubringen versucht, bleibt ihnen fremd. Nicht umsonst legen Sali und Vrenchen in Benehmen, Auftreten, Kleidung und in der Befolgung von Brauch und Sitte bis zum letzten Augenblick Wert darauf, als Angehörige wohlerzogener Bauernkinder aufzutreten. Das gilt auch, und hier unterscheiden sie sich klar von ihren Vätern, wenn es um das rechte Gewissen geht: Für beide hat eine Ehe frei von jeder Schuld zu sein. Salis Gewalttat gegen Marti, obwohl in einer Notsituation verübt, zerstört in beiden Kindern radikal die Hoffnung auf eine gemeinsame Zukunft, nachdem schon vorher der Rechtsstreit und die Feindschaft zwischen den Elternhäusern eine schwere, fast unüberwindbare Belastung ihrer Freundschaft gewesen sind. Wiederum ist es Vrenchen, die ihre Auffassung am entschiedensten vertritt: »[...] und doch kann ich dich nie bekommen, auch wenn alles andere nicht wäre, bloß weil du meinen Vater geschlagen und um den Verstand gebracht hast! Dies würde immer ein schlechter Grundstein unserer Ehe sein und wir beide nie sorglos werden, nie!« (S. 47).

Einstehen für Schuld

Sali und Vrenchen können sich nicht von eigener und fremder Schuld lösen; einen unbeschwerten Neuanfang zu machen, ist nicht ihre Sache. Ehre und Stolz, die schon ihre Väter im Übermaß für sich in Anspruch genommen und die ein Nachgeben im Streit unmöglich gemacht haben, sind auch Sali und Vrenchen eigen. So sind sie nicht gewillt, ihre Liebe der Familienfehde und der Schuld Salis, Vrenchens Vater um den Verstand gebracht zu haben, unterzuordnen. Dagegen sind sie ohne Weiteres bereit, einen Preis für ihr verbotenes Liebesglück, ihre Schuld also, zu bezahlen. Da sie aber nichts als ihr Leben anzubieten haben, vergelten sie den Verstoß mit dem gemeinsamen Freitod. Salis und Vrenchens Ende ist also keine unausweichliche Katastrophe, sondern ein Schuldeingeständnis zweier junger Menschen in einer für sie scheinbar hoffnungslosen Situation. Der Tod ist für beide Rechtfertigung und Ausweg zugleich, vorher noch das auskosten zu können, was ihnen als einziger Wert im Leben geblieben ist.

- Suizid: Rechtfertigung und Ausweg

Der schwarze Geiger

In der Vätergeschichte ist von ihm nur auf dem Feld während einer Arbeitspause von Manz und Marti die Rede; persönlich begegnet er den beiden Bauern nicht. Der schwarze Geiger ist derjenige, dem der verwilderte Acker großväterlicherseits zusteht, den Manz und Marti aber wissentlich betrügen, sodass er ein Landstreicher und Gelegenheitsarbeiter ohne bürgerliche Rechte und ohne Taufschein bleiben muss. Er lebt in der freien Natur, sein Zuhause sind die Wälder, höchstens bei schlechtem Wetter sucht er in einer Scheune Zuflucht. Da ihn die bürgerlich-bäuerliche Welt ausgeschlossen hat, ist ihm auch der Name abhanden gekommen. Daher bleibt ihm nur ein zweigliedriger Übername, dessen Bestimmungswort sich ganz auf das Aussehen bezieht: Schwarz sind Haare, Gesicht, Hände und Kleidung, er ist ein ungewaschener Mann;

- Ausgeschlossener
- Nur ein Übername

das Kesselflicken, offensichtlich seine Haupttätigkeit, ist ihm stets anzusehen. Das Grundwort seines Namens zeigt die Beschäftigung an, die er an Sonn- und Festtagen ausübt, wenn er als Geiger »in den Dörfern zum Tanz aufspielt« (S. 6).

Symbolfigur

In der Kindergeschichte tritt der schwarze Geiger endlich persönlich auf, und zwar zweimal, jeweils unmittelbar vor einem entscheidenden Ereignis. Hier geschieht ihm nun auch nicht mehr Unrecht, vielmehr greift er jetzt aktiv in die Handlung ein, entwickelt sich zu einer schillernden, geheimnisvollen Gestalt, zum Bedeutungsträger, zur Symbolfigur.

Nothelfer und Todesbote

Zunächst verheißt der Landstreicher den Kindern den Tod: »Es freut mich zu sehen, wie gut ihr gefahren seid, und werde gewiss noch erleben, dass ihr vor mir den Weg alles Fleisches geht!« (S. 37), kurz danach bietet er ihnen seine Dienste an: »[…] ich will euch doch geigen, wenn ihr tanzen wollt!« (S. 38). Im Paradiesgärtlein wird der schwarze Geiger Sali und Vrenchen zum einzigen Menschen, der ihnen nicht fremd ist. Er ist derjenige, der ihre Sehnsüchte kennt. Sie sehen in ihm nicht mehr die sichtbare Verkörperung väterlichen Unrechts, sondern den Beschützer und Nothelfer, der sie sogar in einer eigenwilligen Trauungszeremonie auf seine Art zum Hochzeitspaar, zu Mann und Frau, macht. Zugleich wird der schwarze Geiger den Liebenden zum Verführer, der sie aus ihrer bäuerlichen Welt zu den Heimat- und Wohnsitzlosen locken möchte. Als dies scheitert, wandelt er sich zum schwarzen Engel, der sie sanft zum Tod geleitet.

Teuflische Züge

Aber auch teuflische Züge haften an dem ungetauften Gesellen. Beide Höllenfarben verbinden sich in seiner Figur: Schwarz vermischt sich mit Rot, als der schwarze Kerl, wie aus dem Boden hervorgekommen, vor Sali und Vrenchen erscheint und auf den »ungerechte[n] Steinhaufen« springt; denn auf diesem hat sich eine »zahllose Menge von Mohnblumen oder Klatschrosen [...] angesiedelt, weshalb der kleine Berg feuerrot aussah« (S. 37). Das Äußere des schwarzen Geigers geht ins Fratzenhafte, Dämonische, was Furcht und Angst verbreitet:

> »In der Tat besaß er eine schreckbare Nase, welche wie ein großes Winkelmaß aus dem dürren schwarzen Gesicht ragte oder eigentlich mehr einem tüchtigen Knebel oder Prügel glich, welcher in dies Gesicht geworfen worden war und unter dem ein kleines rundes Löchelchen von einem Munde sich seltsam stutzte und zusammenzog, aus dem er unaufhörlich prustete, pfiff und zischte. Dazu stand das kleine Filzhütchen ganz unheimlich, welches nicht rund und nicht eckig und so sonderlich geformt war, dass es alle Augenblicke seine Gestalt zu verändern schien, obgleich es unbeweglich saß, und von den Augen des Kerls war fast nichts als das Weiße zu sehen, da die Sterne unaufhörlich auf einer blitzschnellen Wanderung begriffen waren und wie zwei Hasen im Zickzack umhersprangen.« (S. 37 f.)

Dieser sonderbare Anblick versetzt die Kinder in einen »seltsamen Bann«, sodass sie »dem unheimlichen Gesellen unwillkürlich folgten« (S. 37), und tatsächlich reicht an diesem Ort und an diesem Tag der Schatten des schwarzen Geigers bis zu Salis böser Tat, die Vrenchens Vater für immer wahnsinnig macht.

■ Beeinflusst Handlung

Als dann der schwarze Geiger etwa zwei Monate darauf den nächtlichen Hochzeitszug mit Sali und Vrenchen über die Höhen und Felder der Umgebung veranstaltet, geht das Teuflische in wilde, koboldhafte Ausgelassenheit, in Besessenheit und Ekstase über: Es ist »ein wahrer Blocksberg […] auf der stillen Höhe« (S. 75), wo die drei Äcker liegen, von denen das ganze Unglück seinen Ausgang genommen hat. Letztendlich reicht aber die Anziehungskraft des wilden Mannes nicht aus, die Kinder für sich zu gewinnen. Sali und Vrenchen wird gerade im Augenblick dieses gespenstigen Zuges bewusst, dass für sie keine alternative Lebensform in Frage kommt. Damit trennen sich die Wege, und dieser rätselhafte Mensch scheidet aus ihrem Leben, noch bevor sie selbst aus dem Leben scheiden.

■ Erfolgloser Verführer

Am Ende könnte man im schwarzen Geiger eine Märchengestalt wiedererkennen, die einerseits die Wünsche der Kinder trotz aller Widrigkeiten in Erfüllung gehen lässt, andererseits sie aber ins Verderben locken möchte, dem die Kinder zwar entkommen, ohne aber ihr Glück machen zu können.

■ Märchengestalt?

4. Form und literarische Technik

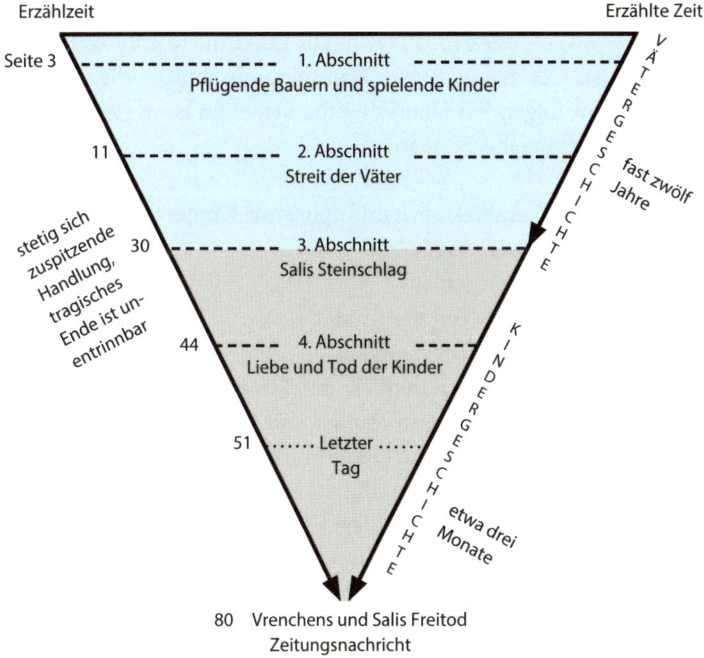

Abb. 3: Aufbau der Handlung

Struktur der Handlung

Auf den ersten Blick zeigt sich das Textbild von Kellers *Romeo und Julia auf dem Dorfe* als einheitlich Ganzes. Keine Kapitelüberschriften untergliedern das Erzählte. Erst bei genauerem Hinsehen entdeckt der

Leser, dass der Text drei Einschnitte aufweist. Diese werden aber nur unauffällig, lediglich durch einen Zeilenabstand markiert, der über die Kennzeichnung von Absätzen hinausgeht. Die Einschnitte unterteilen das Geschehen in vier Handlungsabschnitte, die man mit folgenden Überschriften versehen kann (vgl. Inhaltsangabe, S. 11–19):

■ Vier Handlungsabschnitte

- Pflügende Bauern und spielende Kinder
- Streit der Väter
- Salis Steinschlag
- Liebe und Tod der Kinder.

■ Zwei Geschichten, zwei Generationen

■ Gelenkstellen

Genau genommen deckt der Titel die Handlung nur zur Hälfte ab; denn *Romeo und Julia auf dem Dorfe* hat nicht allein eine Liebesgeschichte zum Inhalt: Ihr vorangestellt ist erst einmal eine Eltern- bzw. Vätergeschichte, sodass Kellers Erzählung aus zwei Teilen besteht und sich dadurch über zwei Generationen hinzieht. Gelenkstellen, die die eine Geschichte mit der anderen verbinden, sind vor allem zwei spektakuläre Ereignisse: Der Kampf der Väter im Beisein ihrer Kinder auf dem Steg, an dessen Ende der Beginn von Salis und Vrenchens Liebe steht, und Salis Steinschlag, der aufgrund von Martis schwerer Verletzung den Streit der Väter sinnlos macht, aber auch das Ende der Liebesgeschichte absehbar werden lässt.

Die erzählte Zeit der Geschichte erstreckt sich über zwölf Jahre, während die Erzählzeit wohl nicht mehr als dreieinhalb Stunden für knapp achtzig Seiten beträgt.

Erzählte Zeit – Erzählzeit

Eine Handlung, die sowohl eine Väter- als auch eine Kindergeschichte umfasst, ohne die Erzählzeit in die Länge zu ziehen, das Erzählte also ins Romanhafte ausufern oder sogar in zwei Teile zerbrechen zu lassen, fordert einen zielgerichteten Aufbau und eine strenge Formung. So strukturiert der Dichter mittels Raffung und Verdichtung die erzählte Zeit. Einerseits werden große Zeitabschnitte zusammengedrängt: Der Erzähler berichtet über Manz' und Martis jahrelange Schmälerung des herrenlosen Ackers in nicht einmal zwölf Zeilen (S. 11), der etwa neun Jahre dauernde Niedergang der beiden Bauernfamilien bis zu Manz' Umzug in die Stadt spielt sich auf etwa sechs Seiten (S. 16–21) ab, und Vrenchens sich über die Sommerzeit hinziehende fast zweimonatige Pflege des Vaters bis zu dessen Einweisung in eine Anstalt umfasst auch nur knapp drei Seiten (S. 44–46). – Andererseits werden Minuten, Stunden oder sogar ein einziger Tag zu Handlungsschwerpunkten, denen sich der Erzähler intensiv widmet: So erstreckt sich eingangs das Spiel der Kinder auf dem verwilderten Acker an einem späten Vormittag über fast dreieinhalb Seiten (S. 7–10), die Auseinandersetzung der beiden Bauern beim Fischen sowie das Wiedersehen der Kinder auf dem Steg nehmen beinahe vier Seiten in Anspruch (S. 27–30), und der letzte Lebenstag von Sali und Vrenchen umfasst über ein Drittel (S. 51–80) der gesamten Erzählzeit.

Raffung und Verdichtung

Dehnung von Handlungsschwerpunkten

Gattung: Novelle

Rahmung: Bezug zur Wirklichkeit

Kellers Zwei-Generationen-Geschichte erhält eine kleine Einfassung, die das gesamte Geschehen begrenzt: Am Anfang steht eine programmatische Erklärung zur Fabel, zum Stoff- und Handlungsgerüst also. Sie verkündet, dass das Erzählte nicht nur auf einer literarischen Tradition, sondern auf einem »wirklichen Vorfall« (S. 3) beruhe, und schreibt ihm damit unverminderte Aktualität zu. – Am Ende erscheint dann eine kurze Zeitungsmeldung, die das zuvor Erzählte kurz, wenn auch parteiisch zusammenfasst und damit einen Schlussstrich unter das Ganze zieht. Eine solche Umschließung verweist auf novellistisches Erzählen, das gerne Geschichten in eine Rahmenhandlung einfügt, um ihnen ein festes, aber auch distanziert objektives Aussehen zu geben, ihnen zugleich Grenzen zu setzen, die man nicht überschreiten darf, um ein weitverzweigtes Erzählen zu verhindern.

Gattungsmerkmale

Der Aufbau von Gottfried Kellers *Romeo und Julia auf dem Dorfe* weist noch weitere wichtige Gattungsmerkmale der Novelle auf: Der zentrale Konflikt, der im Hass der Väter und in der Liebe der Kinder seine gegensätzlichen Pole besitzt, ist scharf umrissen. Der Erzähler richtet keine Nebenschauplätze ein, sondern führt die Auseinandersetzung der Väter sowie die Liebe der Kinder geradlinig und folgerichtig zu einer Lösung. Dabei kommt Salis Steinschlag die Bedeutung eines Wendepunktes zu, der das Geschehen endgültig auf die Katastrophe hin ausrichtet. Dingsymbole, insbesondere die Steine, verdichten, konzentrieren und vertiefen zusätzlich die Aussagekraft des Erzählten. Die am Schluss kurzerhand noch eingebrachte Zeitungsnachricht bekräftigt im Nachhinein diese »sich ereignete unerhörte Begebenheit«[3]. Ein solches Ereignis wird keinesfalls jeden Tag zur Wirklichkeit, sondern bleibt deshalb als Neuigkeit (= ital. *novella*) erzählenswert, da es bis auf den heutigen Tag nur ausnahmsweise geschieht.

Bilder, Linien, Dreiecke

Keller überspannt das Erzählte mit einem dichten Netz von Bildern und Symbolen, die die einzelnen Situationen und Geschehnisse verknüpfen, sie in Beziehung setzen und auf das Ende hin ausrichten. Der verwilderte Acker, überhaupt das Verwildern von Haus, Hof und Menschen, die Steine, das Wasser, die Farben Rot und Schwarz sind solche Sinnbilder, die das Geschehen leitmotivisch begleiten, vorantreiben, es tiefsinnig machen und deuten. Wenn Sali Vrenchens Puppe mit einem Stein vom Stängel einer Distel herunterwirft, so weist dieser kleine Vorfall bereits auf die zwölf Jahre später folgende Tat des 19-Jährigen hin, die Vrenchens Vater mit einem Steinschlag um den Verstand bringt. Wenn sich die Kinder nach

■ Bilder und Symbole

3 Goethe zu Johann Peter Eckermann am »Donnerstagabend den 25. Januar 1827«, in: J. P. E., *Gespräche mit Goethe in den letzten Jahren seines Lebens*, hrsg. von Otto Schönberger, Stuttgart 1994, S. 234.

der Auseinandersetzung der Väter auf dem Steg stillschweigend die nassen kühlen Hände geben, so weist der Abschied vom Leben im kalten Wasser einige Monate danach ausdrücklich auf diese stumme Geste zurück. Entsprechend erinnert Vrenchen Sali: »Weißt du noch, wie kalt und nass unsere Hände waren, als wir sie uns zum ersten Mal gaben? Fische fingen wir damals, jetzt werden wir selber Fische sein und zwei schöne große!« (S. 79). Insbesondere die Figur des schwarzen Geigers trägt ihren Teil dazu bei, sowohl dem Lebensweg der Väter als auch dem der Kinder einen scharfen Umriss zu geben, er lässt den Familien Manz und Marti sozusagen keine Ruhe, bis alles aus ist. Mit seiner Präsenz und seinen Prophezeiungen in zwei handlungsbestimmenden Momenten ist er ein Garant für Geradlinigkeit und Folgerichtigkeit des Geschehens bis zum Ende hin.

Linie abwärts: vom Land zum Wasser

In *Romeo und Julia auf dem Dorfe* führt eine unsichtbare Linie von oben nach unten: Land ist am Anfang für Manz und Marti die feste Grundlage des Wohlstandes; dafür stehen die Äcker auf der Höhe. In diese Welt des Grundbesitzes sind Sali und Vrenchen hineingeboren. Entsprechend verbringen sie auf dem Feld ihre glücklichen Stunden. Seit dem Streit um das herrenlose Stück Land geht es bis zum Verlust des eigenen Grund und Bodens mit den beiden Bauernfamilien unerbittlich bergab, die Höhe hinunter. Völlig heruntergekommen, bleiben zum Schluss nur noch die Fische im Bach als Nahrungserwerb; hier endet dann auch auf einem schwankenden Steg knapp über dem Wasser mit einem lebensbedrohlichen Handgemenge der Konflikt. Obwohl sie ihre beiden Väter auf dem Steg vor dem Sturz in die Tiefe bewahren, können die Kinder selber auf Dauer nicht dem Wasser ausweichen. Sali und Vrenchen sind am Ende landlos. Das Einzige, was ihnen an festem Boden noch bleibt, ist ein schwankendes Heuschiff, bevor sie selbst von hier aus in das Wasser hinabsteigen. Erst als sie am Grund, ganz unten also, angekommen sind, ist auch die Geschichte am Ende angelangt.

Kellers Sinn für geometrische Formen ist umso auffälliger, wenn man auch noch das Dreieck als Kompositionselement beachtet. Einerseits besteht ein Dreierbezug zwischen Manz, Marti und dem schwarzen Geiger, andererseits zwischen diesem sowie Sali und Vrenchen. Das Dreieckige setzt sich im umstrittenen Ackerzipfel, von Marti herausgepflügt, und in der Steinpyramide, von Manz aufgeschichtet, gegenständlich räumlich fort. Aber auch die Zipfelmützen der beiden Bauern werden beim Pflügen zu Dreiecken, wenn der Wind sie für Momente im Eingangsbild in die Luft stellt. Das kleinste Dreieck sitzt im Gesicht des schwarzen Geigers, dessen Nase »wie ein großes Winkelmaß aus dem dürren schwarzen Gesicht ragte« (S. 37). Dem schwarzen Geiger steht also eben das mitten im Gesicht, worum sich Manz und Marti streiten: ein kleines Dreieck. So gesehen ist der Konflikt der beiden Bauern um ein Dreieck Land, das einem Dritten mit einer Dreiecksnase gehört, eine Dreiecksgeschichte ganz besonderer Art.

■ Dreiecke

Einbindung in *Die Leute von Seldwyla*

Da Keller *Romeo und Julia auf dem Dorfe* nicht als Einzelgeschichte abgefasst, sondern in *Die Leute von Seldwyla* eingebunden hat, stellt sich letztlich auch die Frage, ob bzw. wie die Liebesgeschichte von Sali und Vrenchen mit dem Ganzen verbunden ist. Auf den ersten Blick scheint die Beziehung zu Seldwyla nur sehr locker zu sein: So kann keine der Hauptfiguren, weder Manz und Marti noch Sali und Vrenchen, schon gar nicht der schwarze Geiger, den Leuten von Seldwyla zugerechnet werden. Nur am Horizont des Geschehens erscheinen kurz einige namenlose Seldwyler, die sich am Streit von Manz und Marti gütlich tun. Ähnlich verhält es sich mit dem Handlungsort. Wie schon der Titel ausweist, spielt sich die Geschichte etwa eine halbe Stunde von Seldwyla entfernt auf dem Dorfe und dessen Umgebung ab. Lediglich da Manz als Gastwirt nach Seldwyla umziehen muss, tritt die kleine Stadt selbst für kurze Zeit in den Blickpunkt.

Die Verknüpfung ist also woanders zu suchen: Nicht von ungefähr rückt *Romeo und Julia auf dem Dorfe* in der zweiten, um fünf Geschichten erweiterten Ausgabe der *Leute von Seldwyla* von der dritten auf die zweite Stelle nach *Pankraz, der Schmoller* vor. Der Geschichte steht nun, spiegelbildlich gesehen, die neunte mit dem Titel *Dietegen* gegenüber. Diese hat bis kurz vor ihrer Fertigstellung *Das Leben aus dem Tode* geheißen; denn eingangs rettet ein kleines Mädchen namens Küngolt den Knaben Dietegen vor dem Tod, obwohl

■ Spiegelbildliche Anordnung

er bereits gehenkt im Sarg liegt, und am Ende geschieht noch einmal das Gleiche, aber jetzt bewahrt Dietegen Küngolt vor dem Tod, indem er sie auf dem Richtplatz ehelicht, was Bedingung für eine Begnadigung ist. Sali und Vrenchen dagegen gehen von ihrem Hochzeitsbett aus direkt ins Wasser, ein ›Tod aus Liebe‹, sodass sich die Schicksale beider Paare spiegeln. Das, was in *Romeo und Julia* so unabänderlich in den Tod führt, erfährt in *Dietegen* eine Korrektur: Zweimal erwächst hier ›Liebe aus Tod‹ und bildet damit die Antwort auf Salis und Vrenchens doppelten Freitod.

Nachbargeschichten mit glücklichem Ende

Aber noch durch zwei andere Geschichten versucht Keller das schlimme Ende abzuschwächen und zurechtzurücken. Wiederum macht erst die geänderte Reihenfolge der Einzelgeschichten in der zweiten, erweiterten Auflage des Novellenzyklus dies deutlich: Während in der Erstausgabe auf *Romeo und Julia* mit *Die Drei gerechten Kammmacher* eine zweite Geschichte mit einem äußerst dunklen Schluss folgt, tauschen in der überarbeiteten Fassung diese sowie *Frau Regel Amrain und ihr Jüngster* die Plätze. Salis und Vrenchens trauriges Ende steht nun zwischen *Pankraz, der Schmoller* und eben jener *Frau Regel Amrain* und wird damit von zwei Nachbargeschichten mit glücklichem Ausgang eingerahmt und aufgehellt.

Arrangement als Lösungsvorschlag

Keller nutzt also das Arrangement der Einzelgeschichten in *Die Leute von Seldwyla* dazu, an *Romeo und Julia* von außerhalb positive Lösungen heranzutragen, die weder die Geschichte von Manz und Marti noch die von Sali und Vrenchen von sich aus anbieten kann.

5. Quellen und Kontexte

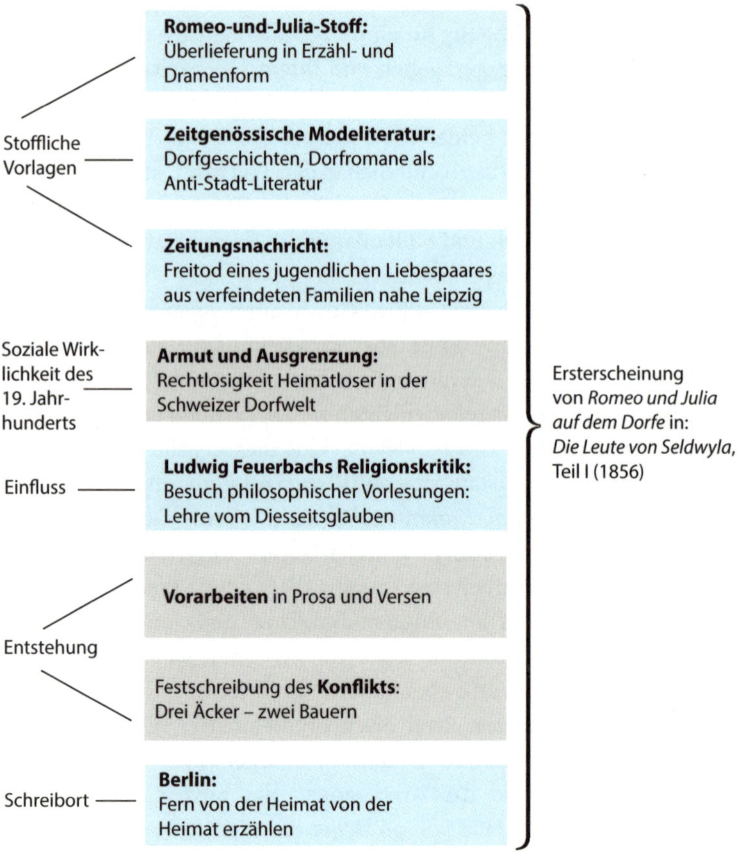

Abb. 4: Entstehungsgeschichte von Kellers *Romeo und Julia auf dem Dorfe*

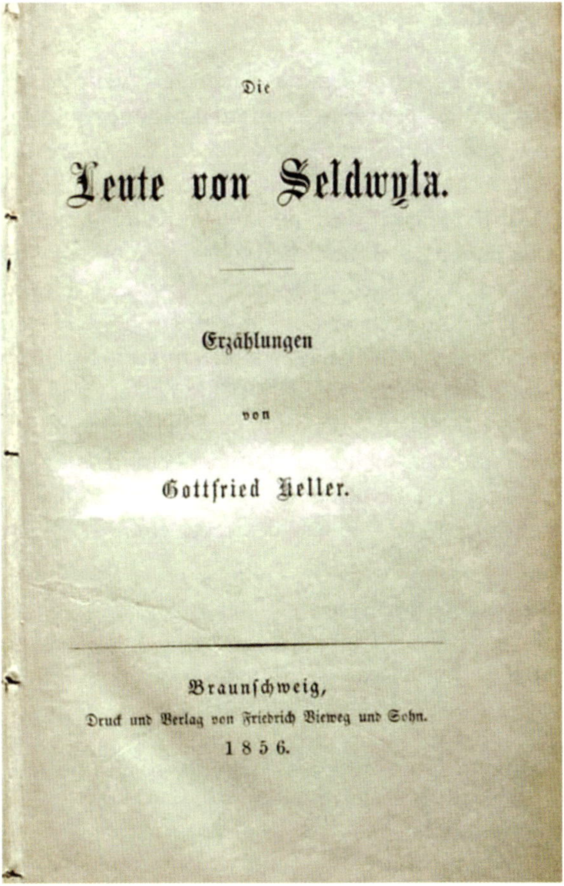

Abb. 5: Titelblatt der Erstausgabe von Gottfried Kellers *Die Leute von Seldwyla. Erzählungen* (1856), in der auch *Romeo und Julia auf dem Dorfe* erstmals erschien. – Wikimedia: © Foto H.-P. Haack / CC BY-SA 3.0

Stoffliche Vorlagen

Der Titel *Romeo und Julia auf dem Dorfe* verweist auf zwei Stoffquellen: zum einen auf die Romeo-und-Julia-Überlieferung, zum anderen auf das Genre der Dorfgeschichte.

Romeo-und-Julia-Stoff

Dabei orientiert sich Keller nur an elementaren Geschehnissen der Romeo-und Julia-Tradition, von denen sich schließlich auch die Berechtigung ableitet, Sali und Vrenchen im Titel mit *Romeo und Julia* zu benennen. Wie in Shakespeares Drama und bereits in dessen Vorläufern steht im Mittelpunkt der Handlung die Liebe zweier Kinder aus verfeindeten Familien, die Unmöglichkeit ihres Zusammenkommens und als Folge der Tod der beiden jungen Menschen. Ansonsten schlägt Keller einen eigenen Weg ein.

Zur Tradition des Romeo-und-Julia-Stoffs	
1303	Im Nachhinein erdachtes Datum zum Liebestod von Romeo Montecchi und Julia Cappelletti in der *L'istoria di Verona* (1592–94) von Girolamo dalla Corte
1476	Dichterische Erstfassung als 33. Geschichte in der Novellensammlung *Il Novellino* von Masuccio Salernitano
um 1530	Erstmalige Nennung der Namen Romeo und Julia und des Schauplatzes Verona in der Geschichte *Historia Novellamente Ritrovata di due Nobili Amanti* (›Die unlängst wiedergefundene Geschichte zweier Liebender aus vornehmem Hause‹) von Luigi da Porto

1597	Drama *An Excellent Conceited Tragedy of Romeo and Juliet* (›Eine vortrefflich erfundene Tragödie von Romeo und Julia‹) von William Shakespeare
1830	Oper *I Capuleti e i Montecchi* von Vincenzo Bellini
1856	Novelle *Romeo und Julia auf dem Dorfe* in *Die Leute von Seldwyla* von Gottfried Keller
1867	Oper *Roméo et Juliette* von Charles Gounod
1935/36	Ballett *Romeo i Dschuljetta* von Sergei Prokofjew
1940	Oper *Romeo und Julia* von Heinrich Sutermeister
1946	Drama *Roméo et Jeannette* von Jean Anouilh
1956	Drama *Romanoff and Juliet* von Peter Ustinov
1957	Musical *West Side Story* von Leonard Bernstein

Die attributive Zuweisung »auf dem Dorfe« deutet auf das literarische Genre der Dorfgeschichte. Handlungsträger sind zwei Bauernfamilien, Schauplatz ein bäuerlich-dörfliches Milieu mit dem Ackerbau als Wirtschaftsform, dem Bauernhof als Zuhause, dem Getreidefeld als Spielplatz und Liebesversteck, dem Gasthausbesuch und Tanzvergnügen als Sonntagsbräuche einer Landbevölkerung Mitte des 19. Jahrhunderts. – Allerdings folgt Kellers Dorfgeschichte keiner Schönfärberei und Idealisierung dieser Verhältnisse. Die Erzählung provoziert keinen Gegensatz zwischen Dorfleben und Stadtleben, keine Feindschaft zwischen Dorf und Stadt und sie macht aus Bauersleuten und deren Kindern keine Lichtgestalten, wie dies das Programm herkömmlicher, zeitgenössischer Dorfgeschichten vorgibt.

■ Dorfgeschichte

■ *Züricher Freitags-Zeitung*

Als Wegweiser zur Romeo-und-Julia-Thematik wie auch zur Lokalisierung »auf dem Dorfe« dient Keller eine Nachricht der *Züricher Freitags-Zeitung* vom 3. September 1847, in der das Romeo-und-Julia-Schicksal, aber auch das Dorf als Ort des Geschehens vorgezeichnet sind:

> »Im Dorfe Altsellerhausen, bei Leipzig, liebten sich ein Jüngling von 19 Jahren und ein Mädchen von 17 Jahren, beide Kinder armer Leute, die aber in einer tödlichen Feindschaft lebten und nicht in eine Vereinigung des Paares willigen wollten. Am 15. August begaben sich die Verliebten in eine Wirtschaft, wo sich arme Leute vergnügen, tanzten daselbst bis nachts 1 Uhr und entfernten sich hierauf. Am Morgen fand man die Leichen beider Liebenden auf dem Felde liegen; sie hatten sich durch den Kopf geschossen.«[4]

Nun kommt in dieser Meldung die bewusste Entscheidung der beiden Jugendlichen für den Liebestod hinzu, während in Shakespeares Drama dieser dem Zufall bzw. dem Schicksal anzulasten ist.

■ Wohnsitzlose: Armut und Ausgrenzung

Eine weitere Themen- und Stoffdimension verkörpert sich in der Figur des schwarzen Geigers. Als Wohnsitzloser in der bäuerlichen Welt führt er soziale Not, Armut, Ausgrenzung und Rechtlosigkeit

4 Zitiert nach: Gert Sautermeister, *Erläuterungen und Dokumente: Gottfried Keller. »Romeo und Julia auf dem Dorfe«*, Stuttgart 2003 [u. ö.], S. 69.

tief in Kellers Liebesgeschichte ein. Der schwarze Geiger und das Hudelvölkchen im Paradiesgärtlein sowie der wilde Hochzeitszug erwachsen aus der sozialen Wirklichkeit, die zu Kellers Lebzeiten in der Nordschweiz des 19. Jahrhunderts herrschte. Aber auch die Verelendung von Manz' und Martis Familien, die ihr Eigentum und sich selbst nur ruinieren, weil sie sich um eine Nichtigkeit streiten, weist auf Starrsinn und Besitzgier in einem bäuerlichen Milieu hin

■ Soziale Wirklichkeit

Philosophischer Einfluss

Dass Kellers Bauernkinder sich für die Liebe hier und heute entscheiden, damit radikal der bisherigen Familiengeschichte eine Absage erteilen, verweist auf den Philosophen Ludwig Feuerbach (1804–1872) und dessen Einfluss auf Keller. Dieser besucht in seiner Heidelberger Zeit (1848/49) die Vorlesungen des Religionskritikers und lernt dessen Auffassung von Tod und Unsterblichkeit kennen: Feuerbach blendet in seiner Lehre ein himmlisches Glück vollkommen aus und wendet sich stattdessen ganz und gar dem irdischen Dasein zu. Dieser »Diesseitsglaube« lässt sich auf Kellers jugendliches Liebespaar übertragen, das keinen Gedanken daran verschwendet, was nach dem Tod geschieht, und das keinen Blick für ein Jenseits übrighat. Liebeserfüllung und Liebestod sind ganz und gar in das irdische Erleben an einem einzigen Sonntag eingebunden.

■ Ja zum Diesseits

Keller selbst dokumentiert die Folgen seiner Feuerbach-Begegnung in einem Brief an seinen Freund Wilhelm Baumgartner vom 27. März 1851:

> »Wie trivial erscheint mir gegenwärtig die Meinung, dass mit dem Aufgeben der sogenannten religiösen Ideen alle Poesie und erhöhte Stimmung aus der Welt verschwinde! Im Gegenteil! Die Welt ist mir unendlich schöner und tiefer geworden, das Leben ist wertvoller und intensiver, der Tod ernster, bedenklicher und fordert mich erst mit aller Macht auf, meine Aufgabe zu erfüllen und mein Bewusstsein zu reinigen und zu befriedigen, da ich keine Aussicht habe, das Versäumte in irgendeinem Winkel der Welt nachzuholen.«[5]

In diesem Sinne denken und handeln dann auch Sali und Vrenchen.

Entstehung

■ Vorarbeiten in Prosa und Versen

■ Konflikt: zwei Bauern – drei Äcker

Im September 1847 macht Keller einen ersten bescheidenen Anlauf auf Papier zu der Vätergeschichte, die sich später in *Romeo und Julia auf dem Dorfe* findet. Er fasst die Feldarbeit zweier Bauern in eine literarische Skizze, die bereits den unscheinbaren Landraub, den »Sündenfall«, der später zu allem Unglück führt, festschreibt:

5 Zitiert nach: Sautermeister (s. Anm. 4), S. 110.

»Zwei stattliche sonnengebräunte Bauern pflügen mit starken Ochsen auf zwei Äckern, zwischen welchen ein dritter großer brach und verwildert liegt. Während sie [den] die Pflugschar wenden, sprechen sie über den [dritten A] mittleren schönen Acker, wie er nun schon so manches Jahr brach liege, weil der verwahrloste Erbe desselben sich unstät in der Welt herumtreibe. Frommes und tiefes Bedauern der beiden Männer, welche wieder an die Arbeit gehen und jeder von seiner Seite her der ganzen Länge nach einige Furchen dem verwaisten Acker ab[reißt] pflügt. Indem die Ochsen die Pflüge langsam und still weiter ziehen und die beiden Züge hüben und drüben sich begegnen, setzen die beiden Bauern eintönig ihr Gespräch fort über den bösen Weltlauf, führen dabei mit fester Hand den Pflug und tun, jeder, als ob er den Frevel des Andern nicht bemerkte. Die Sonne steht einsam und heiß am Himmel.«[6]

Noch ein zweites Mal, spätestens Anfang 1849, greift Keller das Bild der drei Äcker auf, um daraus eine Erzählung in Versen zu formen; diese erschöpft sich jedoch nach sieben Strophen, ohne jemals fortgesetzt zu werden.

6 Gottfried Keller, *Sämtliche Werke*, hrsg. von Jonas Fränkel, Bd. 7.1, Bern/Leipzig 1926, S. 391 f.; zitiert nach: Sautermeister (s. Anm. 4), S. 70
Vermerke in eckigen Klammern sind alternative Formulierungsansätze, von Keller selbst so eingetragen.

»Drei Äcker, eine wahre Augenweide
Für jeden, der geführt schon einen Pflug,
Die laufen neben einander über die Haide
In grader Flucht vor unsers Auges Flug.

Auf zweien dieser Äcker, die den dritten
In ihre Mitte schließen, war [das Korn] die Frucht,
Die unschätzbare, eben abgeschnitten,
Geführt schon in der Scheunen sichre Bucht.«[7]

Schreibort Berlin

In den nun folgenden sechs Jahren verdeckt Kellers sich mühsam dahinschleppende Arbeit an seinem ersten Roman *Der grüne Heinrich* die Weiterführung und Ausgestaltung der Romeo-und-Julia-Handlung. Erst am 15. Juni 1855 kündigt Keller von Berlin aus dem Braunschweiger Verleger Eduard Vieweg ein Bändchen mit Geschichten an: »Dasselbe wird den Titel *Die Leute von Seldwyla* haben und in 4–5 Charakter-Erzählungen bestehen, von allgemein menschlichem Inhalte, aber auf dem schweizerisch lokalen Hintergrunde.«[8] Von nun an steht *Romeo und Julia auf dem Dorfe* nicht mehr für sich allein, sondern ist von einem kleinstädtischen Milieu umgeben und darin eingebettet.

Keller schickt in den folgenden Monaten nach und nach Manuskriptteile nach Braunschweig, als letzten

7 Keller (s. Anm. 6), 5. und 6. Strophe, S. 392. f.; zitiert nach: Sautermeister (s. Anm. 4), S. 72 f.

8 Gottfried Keller, *Gesammelte Briefe in vier Bänden*, hrsg. von Carl Helbling, Bd. 3.2. Bern 1953, S. 103.

Abb. 6: »Berlin Bauhofstraße«, Aquarell von Albert Hertel (1889). Im Hintergrund ist der Bauhofplatz (heute Hegelplatz) zu sehen; hier, Am Bauhof 2, schrieb Keller *Romeo und Julia auf dem Dorfe.* Keller erhielt das Gemälde als Geschenk zu seinem 70. Geburtstag. – Aclosund Historic / Alamy Stock Foto

den Schluss der schließlich fünf Erzählungen am 6. Oktober 1855. *Die Leute von Seldwyla* erscheint 1856 im Verlag Eduard Vieweg mit *Romeo und Julia auf dem Dorfe* als dritter von fünf Geschichten.

Da Gottfried Keller von 1851 bis 1855 in Berlin gelebt hat, ist also der Geburtsort von *Romeo und Julia auf dem Dorfe* nicht die vertraute dörflich schweizerische Heimat, sondern ein fremdes preußisches Stadtmilieu. Keller bezeugt 30 Jahre danach den Schreibort in einem Brief an seinen späteren Verleger Wilhelm Hertz: Er habe »am Bauhof hinter dem Kastanienwäldchen zu Berlin«[9] die Geschichte zu Papier gebracht. – Das Leben und Schreiben in einer großstädtischen Residenzstadt im deutschen Norden hat die Geschichte einer kleinen Schweizer Dorflandschaft im Süden hervorgebracht, sogar herausgefordert.

9 Zitiert nach: Sautermeister (s. Anm. 4), S. 118.

6. Interpretationsansätze

Eine Fabel im neuen Gewand

Ein Titel wie *Romeo und Julia* gibt die Thematik und Handlung vor, er ist Programm: Kellers Novelle ist also eine tragische Liebesgeschichte. Sie erzählt von zwei jungen Menschen, die nur deshalb nicht zusammenkommen können und freiwillig in den Tod gehen, weil ihre Elternhäuser in einem unversöhnlichen Streit liegen. Dieses Ur- und Kerngeschehen, das seit der Renaissance in der europäischen Dichtkunst erscheint und aus dem William Shakespeare ein weltberühmtes Drama gemacht hat, gestaltet Gottfried Keller erzählerisch aus: Sali und Vrenchen lieben sich so unwiderstehlich wie ihre großen Vorgänger und Vorbilder, auf die sich der Dichter im Titel ja ausdrücklich beruft. Sie setzen sich, wie es die Überlieferung fordert, über die Feindschaft ihrer Familien hinweg und werden zu einem leidenschaftlichen Liebespaar, das schließlich in den Tod geht, da das Leben ein Zusammensein unmöglich macht. So weit folgt der Erzähler der vorgegebenen Fabel von Romeo und Julia und deren verfeindeten Häusern.[10]

■ Romeo und Julia: die Fabel

Doch »in neuem Gewande« (S. 3) präsentiert sich Kellers *Romeo und Julia* bereits im Titelattribut *auf*

■ Auf dem Dorfe: das neue Gewand

10 Der Begriff ›Fabel‹ meint den Stoff- und Handlungskern der Geschichte und ist nicht mit der literarischen Gattung der Fabel zu verwechseln. Siehe für eine Erläuterung des Wortes Kap. 11 »Zentrale Begriffe und Definitionen«, S. 108.

dem Dorfe: Den Konflikt der Familien und die Liebe der Kinder hat der Dichter nicht, wie die Tradition vorgibt, in der Stadt Verona, sondern im Schweizer Alpenvorland angesiedelt. Das Dorf selbst bleibt zwar namenlos, liegt aber nahe einer Kleinstadt namens Seldwyla. Allerdings ist diese auf keiner Landkarte der wirklichen Schweiz auszumachen, sondern entpuppt sich als Erfindung des Dichters.

Auch in weiteren Aspekten weicht Kellers Novelle von der literarischen Tradition ab. Dies zeigt sich beispielsweise im Vergleich zu Shakespeares *Romeo und Julia*:

Vergleichselement	**Shakespeare**	**Keller**
Handlungsort	Verona (V,1 in Mantua)	auf einem Dorf nahe bei, zu einem kleinen Teil in Seldwyla
Gespielte/erzählte Zeit	vier Tage	zwölf Jahre
Feindliche Parteien	Adelsfamilien	Bauernfamilien
Beginn des Konfliktes	vorgegeben, direkter Einstieg in den Streit	sich entwickelnd von den Anfängen an
Beginn der Liebe	auf einem Fest	auf einem Steg
Erschwerendes Hindernis	Tod von Julias Vetter Tybalt	Irrsinn von Vrenchens Vater Marti
Helfer/Begleiter der Kinder	Bruder Lorenzo	schwarzer Geiger

Liebestod	infolge unglücklicher Umstände	willentlicher Entschluss beider Liebender infolge sozialer, wirtschaftlicher Verelendung und sittlicher Wertbindungen
Schluss	Versöhnung der Familien	Zerstörung der Familien

Unrecht und Streit: Versteinerung und Verwilderung

Von vornherein lenkt der Erzähler den Blick seiner Leser gar nicht mitten ins Dorf, vielmehr richtet er ihn auf die Felder der Umgebung, von denen er gleich zu Anfang eine auffallend gründliche Lagebeschreibung gibt:

> »[…] über die sanfte Anhöhe lagen […] drei prächtige lange Äcker weit hingestreckt gleich drei riesigen Bändern nebeneinander […]; der mittlere schien seit langen Jahren brach und wüst zu liegen, denn er war mit Steinen und hohem Unkraut bedeckt, und eine Welt von geflügelten Tierchen summte ungestört über ihm.« (S. 3)

■ Drei Äcker auf der Anhöhe

Damit gibt der Erzähler gleich zu Beginn einen Hinweis auf Nutzlosigkeit und Zweckentfremdung in einer bäuerlich geprägten Kulturlandschaft.

Nicht alle drei Felder, sondern dieser Streifen herrenlosen Bodens, ein Stück Ackerland, das aufgrund ungeklärter Rechts- und Eigentumsverhältnisse verwildert, was jedem gestandenen Bauersmann ein Stein des Anstoßes sein muss, ist das zentrale Motiv, von dem aus sich das Geschehen in Gang setzt, um das es sich gruppiert; denn Grund und Boden sind in dieser dörflichen Welt einziger Maßstab für Existenzsicherung, Wohlergehen und Ansehen. Hat man als Einzelner keinen solchen Besitz, so steht man außerhalb, ist arbeits-, mittel- und heimatlos. Folglich muss der schwarze Geiger ein Ausgegrenzter bleiben, zumal man ihm Eigentum wissentlich vorenthält; denn zu Taufschein und Bürgerrecht kommt nur der, der in der Dorfgemeinde zu Hause ist. Hier schimmert ein Stück Schweizer Sozial- und Wirtschaftsgeschichte durch: Die Umbruchsituation von einem Agrar- zu einem Industriestaat, die zur Folge hatte, dass während der zweiten Hälfte des 19. Jahrhunderts ein Teil der bäuerlichen Bevölkerung sich verschuldete, verelendete und in die Städte abwanderte. Allerdings thematisiert Keller nicht diesen Wandel, vielmehr bleibt er bei einem Einzelfall, der ganz persönlich Manz und Marti, zwei angesehene Vertreter einer Dorfgemeinde, betrifft. Beide sind durchaus in der Lage, ihr Schicksal in diese oder jene Richtung zu lenken. Vor allem haben sie es selbst in der Hand, einem Landstreicher eine Existenz zu geben oder sie ihm vorzuenthalten:

■ Besitzlose: ohne Recht und Heimat

»›Hm!‹, sagte Marti, ›das wäre so eine Sache! Wenn ich den schwarzen Geiger ansehe […], so möchte ich darauf schwören, dass er ein Enkel des Trompeters ist, der freilich nicht weiß, dass er noch einen Acker hat. […]‹
›Da könnte man eine schöne Geschichte anrichten!‹, antwortete Manz, ›wir haben so genug zu tun, diesem Geiger das Heimatsrecht in unserer Gemeinde abzustreiten, da man uns den Fetzel fortwährend aufhalsen will‹.« (S. 6)

Nicht genug damit, dass zwei gestandene Landleute wissentlich und mit voller Absicht den Zugang zu ihrer Gemeinde blockieren – ein zweites Unrecht folgt, als sie sich jährlich im Herbst das fremde Eigentum Stück für Stück selbst aneignen:

■ Landraub in Etappen

»Als nun, mit der letzten Furche zu Ende gekommen, der Knecht des einen halten wollte, rief sein Meister: ›Was hältst du? Kehr noch einmal um!‹ ›Wir sind ja fertig!‹, sagte der Knecht. ›Halt's Maul und tu, wie ich dir sage!‹, der Meister. Und sie kehrten um und rissen eine tüchtige Furche in den mittlern herrenlosen Acker hinein, dass Kraut und Steine flogen. […] und als man oben angelangt […], pflügte auf der anderen Seite der Nachbar vorüber […] und schnitt ebenfalls eine ansehnliche Furche vom mittlern Acker, dass die Schollen nur so zur Seite flogen.« (S. 10 f.)

Schließlich ersteigert einer der zwei Bauern das verbliebene Reststück, worauf beide von Anfang an spekuliert haben. Dieser unauffällige Landraub in kleinen Etappen erklärt dann auch, warum Manz und Marti jede Hilfestellung dem schwarzen Geiger gegenüber schroff zurückgewiesen haben.

Verwilderung von Werten

Sinnbildlich für eine solche Verwilderung des Gemeinsinns, des Sozialverhaltens und des Rechtsbewusstseins steht die Verwilderung des herrenlosen Ackers. Die schwere Schuld der Anrainer aber, die diese mit der Zeit immer stärker belastet, vergegenständlicht sich in den Steinen, die von beiden Seiten auf den mittleren Acker fliegen. Auf diesem wächst der »Steinkamm« (S. 11) nach und nach zu einer Mauer an, die die beiden Übeltäter und zugleich deren Kinder voneinander trennt und sie entzweit:

Versteinerung von Schuld

> »Die Steine wurden immer mehr zusammengedrängt und bildeten schon einen ordentlichen Grat auf der ganzen Länge des Ackers, und das wilde Gesträuch darauf war schon so hoch, dass die Kinder, obgleich sie gewachsen waren, sich nicht mehr sehen konnten, wenn eines dies- und das andere jenseits ging.« (S. 11)

Unrecht und Schuld bleiben allerdings nicht allein an Manz und Marti haften. Ausdrücklich verweist der Erzähler darauf, dass diese beiden Männer »nichts weiter getan hatten als was zwei Drittel der übrigen unter diesen Umständen auch getan haben würden«

(S. 12). Das, was sie tun, ist also typisch. Sie denken und handeln stellvertretend für die Mehrheit einer Gesellschaft, die Besitz zum höchsten Wert in ihrem Leben gemacht hat. Manz und Marti werden dann zu Sündenböcken, auf die die anderen mit dem Finger zeigen, die sie verurteilen, sobald die Tat begangen worden ist. Nun »sind die übrigen froh, dass sie es doch nicht gewesen sind, dass die Versuchung nicht sie betroffen hat« (S. 12). Die Vätergeschichte deckt also etwas auf, das alle Menschen betrifft: Die Wohlhabenden und Mächtigen bereichern sich auf Kosten der Armen und Hilflosen, und jene glauben sich dazu auch noch berechtigt.

Manz und Marti: Sündenböcke

Ein solch skandalöses Tun ist aber noch nicht das eigentlich Erzählenswerte, das ganz Außergewöhnliche. Dies beginnt erst seinen Lauf zu nehmen, wenn zufällig, also ausnahmsweise, zwei solche wohlangesehene Menschen, die sich in ihren dunklen Machenschaften sicher wähnen und keine Konsequenzen fürchten zu müssen glauben, nun selbst aufeinandertreffen und zu Rivalen werden. Das ist, wie der Erzähler zugibt, im Leben selten genug der Fall: Nur »zuweilen stellt das Schicksal ein Exempel auf und lässt zwei solche Äufner [Vermehrer] ihrer Hausehre und ihres Gutes zusammentreffen, die sich dann unfehlbar aufreiben und auffressen wie zwei wilde Tiere« (S. 72). Ein Aufeinandertreffen solch Wohlhabender, die sich mit unterschiedlichen Interessen ebenbürtig entgegenstehen, heißt aber nichts anderes, als dass sie sich gegenseitig vernichten – dies kommt of-

Schicksalhaftes Aufeinandertreffen

fenbar einer Zwangsläufigkeit, einer Naturgesetzlichkeit gleich, der solche Menschen dann ausgeliefert sind.

■ Verlust der Menschenwürde: ›Vertierung‹

Nicht umsonst begleiten die Handlung Tierbilder und Tiervergleiche, die die beiden Streithähne in ihrem Tun charakterisieren: Am Schluss der Vätergeschichte kommt die tierische Natur von Manz und Marti elementar zum Ausbruch. Erwerbs- und Besitztrieb haben ihre Entmenschlichung so weit vorangetrieben, dass sie sich während der letzten Begegnung gegenseitig mit Tiernamen beschimpfen (»Hund« – »Lumpenhund« – »Galgenhund« – »Hund« – »Kalb«, in dieser Reihenfolge, S. 27), und Marti springt dazu noch »wie ein Tiger den Bach entlang« (S. 27). Jetzt sind die über 50 Jahre alten Bauern so weit ›vertiert‹, dass sie »sich mit nackten Händen anfassen und mit Fäusten schlagen« (S. 29), knapp über dem Wasser aufeinander losgehen, mitten in einem Gewitter, das seinerseits ebenfalls Naturelemente (Sturm, Regen und Blitz) freisetzt. Manz und Marti sind nun, wie sie einst den Unrechtsacker haben verwildern lassen, selbst verwildert. Wie dieser sich vor langer Zeit von einem kultivierten Zustand in eine Wildnis, in Natur, zurückverwandelt hat, so ist bei den beiden Bauern die Menschenwürde vollkommen auf der Strecke geblieben. Sie gehen wie die Tiere aufeinander los, und einzig die genau in diesem Augenblick erwachende Liebe ihrer Kinder kann sie trennen.

Tragisch ist nur, dass der Niedergang, die Not, Armut und Verzweiflung nicht bei den Vätern Halt machen. Kellers Geschichte gibt sich nicht mit Halbheiten ab, sie zieht radikal Konsequenzen: Das Strafgericht setzt sich in der nächsten Generation fort, ihm entkommt letztlich kein Familienmitglied, sodass es auch die Kinder mit in das Verderben reißt.

■ Strafgericht über zwei Generationen

Die Liebe – ein einziger Sonntag

Die Kindergeschichte wurzelt wie die Vätergeschichte tief im Boden des Unrechtsackers. In dessen Wildnis erweisen sich Sali und Vrenchen schon beim kindlichen Spiel als ein harmonierendes junges Paar. Von diesem herrenlosen Feld aus nimmt auch die Liebesgeschichte ihren weiteren Lauf und kehrt immer wieder zu ihm zurück: Hier treffen sich die beiden jungen Leute zu ihrem ersten ernsthaften Rendezvous, hier begegnen sie erstmals als Liebespaar dem schwarzen Geiger, hier bringt Sali mit einem Stein von jenem Streitacker Vrenchens Vater um den Verstand, und hierhin führt der schwarze Geiger die Kinder ein letztes Mal, bevor sie sich im nahen Fluss ertränken.

■ Kindergeschichte im Unrechtsacker verwurzelt

Eine solche Bodenständigkeit ist wie eine Fessel, die Sali und Vrenchen nie lösen können, sondern die sie fest an den Unglücksacker und damit an das Schicksal ihrer Elternhäuser bindet. Wohlstand, Liebe und Glück sind für sie nur auf dem Grund und Boden der Väter, ihrer Herkunft und Kindheit denkbar:

■ Bodenständigkeit einer Dorfgeschichte

> »Das Gefühl, in der bürgerlichen Welt nur in einer ganz ehrlichen und gewissenfreien Ehe glücklich

sein zu können, war in ihm [Sali] ebenso lebendig wie in Vrenchen, und in beiden verlassenen Wesen war es die letzte Flamme der Ehre, die in früheren Zeiten in ihren Häusern geglüht hatte.« (S. 72)

Auch als den beiden Liebenden schließlich der Boden unter den Füßen weggezogen wird, sie also völlig mittellos werden, bleiben sie am Boden ihrer Heimat haften und verleben ihren letzten Tag ganz auf dem Lande. So gesehen ist *Romeo und Julia auf dem Dorfe* eine Dorfgeschichte, die sich auf das Feste, Althergebrachte und Ererbte gründet. Veränderungswille, Risikobereitschaft, Mobilität und Vorwärtsdenken sind nicht Sache von Sali und Vrenchen.

Realitätsverlust

Je stärker die Bauernkinder aber spüren, dass sie an Boden verlieren, desto bereitwilliger flüchten sie in eine Innerlichkeit, in ein erträumtes Liebesglück. Dieser Realitätsverlust ähnelt, wenn auch auf eine ganz andere Art und Weise, dem ihrer Väter: Wie diese im Verlauf ihres Streites Gespür und Augenmaß für dasjenige verlieren, was für sie und ihre Familien erträglich und machbar ist, so kommen auch ihren Kindern der Bezug zur Außenwelt und der Wille zum Erhalt ihres Daseins abhanden. Der Hass der Väter und die Liebe der Kinder setzen also gleichermaßen die Kontrollmechanismen außer Kraft, die gewöhnlich die eigene Existenz im Alltag sichern.

Ein Traumtag

So ist der letzte Tag für Sali und Vrenchen schließlich nichts anderes mehr als die Erfüllung ihres großen Wunschtraums: Vrenchens Lügenmärchen vom

Lotteriegewinn, den sie der Bäuerin weismachen will, eröffnet frühmorgens diese Scheinwelt: »›[S]eht, Sali ist mein Hochzeiter!‹ ›Dein Hochzeiter! was du sagst!‹ ›Ja, und er ist ein reicher Herr, er hat hunderttausend Gulden in der Lotterie gewonnen! Denket einmal, Frau!‹« (S. 54) Das Tagträumen setzen beide Kinder intensiv mit ihrem Gang übers Land fort. Sie geben sich ganz der Selbsttäuschung hin, täuschen aber auch andere, als sie in den beiden ersten Gasthäusern ein glückliches Brautpaar spielen. Das zerbrechliche Lebkuchenhaus, das Sali seiner Braut auf der Kirchweih schenkt, tritt an die Stelle des am Morgen für immer verlorenen Elternhauses. Das Paradiesgärtlein, ein ehemaliges, langsam verfallendes Landhaus mit einem offenen Estrich, dessen Decke von den vier Erzengeln getragen wird und das im Übrigen verschwenderisch mit Engelsbildern geschmückt ist, verwandelt sich für Sali und Vrenchen in das Paradies auf Erden, den Garten Eden. Musik und Tanz in dem jetzt als Gasthof für das einfache Volk genutzten Gebäude steigern die Illusion der beiden Bauernkinder ins Himmlische. Schließlich schlägt hier die Stimmung ins Wildromantische und Heidnisch-Göttliche um, als der Gott des Rausches, Dionysos, die Herrschaft zu übernehmen scheint. Der Genuss von Wein und die wilde Musik lassen Sali und Vrenchen für einige Stunden ›außer sich‹ sein, sodass sie sogar zu einer trügerischen Trauungszeremonie des schwarzen Geigers bereit sind und sich zu einem gespenstischen Hochzeitszug über die Felder

■ Rauschhafte Liebe

und durch die Dörfer ihrer Heimat aufmachen. Auf dieser Hochzeitsreise im Kleinen scheint dann alles aus den Fugen zu geraten, »ein wahrer Blocksberg« (S. 75), ein Höllentanz, wird daraus. In diesen Augenblicken zwischen Himmel und Hölle entrücken Sali und Vrenchen der Wirklichkeit ihrer Dorfwelt und ihres Zuhauses am stärksten. Die Gefahr, sich zu verlieren und selbst zu vergessen, ist im Umfeld des schwarzen Geigers am größten geworden.

Liebestod: Ja zur Welt

Die Wirklichkeit holt die beiden entrückten Liebenden immer wieder ein: schon tagsüber auf der Kirchweih, da man sie als die Kinder von Manz und Marti erkennt, dann in der Nacht, in der sich unweigerlich die Frage nach dem Tag danach, dem Alltag, stellt. Das drohende Morgen, nichts anderes als Zukunftsangst, zwingt dann die Kinder zur Entscheidung, und sie entscheiden sich gegen das Morgen und für das Heute, gegen eine freie Liebe unter den Heimatlosen und für den Liebestod in ihrer eigenen Welt:

■ Liebestod

> »Salis Herz klopfte bald wie mit Hämmern, bald stand es still, er atmete schwer und sagte leise: ›Es gibt eines für uns, Vrenchen, wir halten Hochzeit zu dieser Stunde und gehen dann aus der Welt – dort ist das tiefe Wasser – dort scheidet uns niemand mehr und wir sind zusammen gewesen – ob

kurz oder lang, das kann uns dann gleich sein. –‹ Vrenchen sagte sogleich: ›Sali – was du da sagst, habe ich schon lang bei mir gedacht und ausgemacht, nämlich dass wir sterben könnten und dann alles vorbei wäre – so schwör mir es, dass du es mit mir tun willst!‹ ›Es ist schon so gut wie getan, es nimmt dich niemand mehr aus meiner Hand als der Tod!‹, rief Sali außer sich.« (S. 77 f.)

Damit steht fest: Sali und Vrenchen stecken an einem einzigen Tag die Grenzen ihres Lebens ab; denn der Liebestod vereinigt in sich Geburt und Tod: Der Liebesakt zeugt und das Sterben beendet das Menschenleben. Dieses auf einen Tag sich konzentrierende Dasein versperrt Sali und Vrenchen unwiderruflich den Weg in die Zukunft. Daher muss auch ihre Liebe unfruchtbar, also ohne Nachkommenschaft bleiben, sodass beide Familien, die des Manz und die des Marti, zum Aussterben verurteilt sind.

■ Aussterben beider Familien

Nach ihrer Entscheidung, sich zu lieben und dann zu sterben, gilt für Sali und Vrenchen nur noch das Hier und Heute. Ein solch radikales Ja zur Gegenwart und zur Welt, wie sie ist, hat sich der Dichter Keller seit seiner Begegnung mit dem Philosophen Ludwig Feuerbach in Heidelberg (siehe S. 49 f.) zu eigen gemacht. Aus Feuerbachs Atheismus erwächst Kellers Weltfrömmigkeit, die, ganz dem Irdischen zugewandt, allein dem Jetzt gilt, das in jedem Augenblick intensiv zu leben und zu erleben ist: Das Dasein des Menschen in dieser Welt gilt Keller als einzig und un-

■ Ja zur Welt

wiederbringlich; darüber hinaus bleibt dem Menschen nichts. Er ist aufgefordert, an das Diesseits zu glauben, dessen Schönheit zu begreifen und das irdische Glück auszukosten. Eine solche bedingungslose Weltbejahung bringt es mit sich, dass die Schönheit des augenblicklichen Erlebens die Todesangst zu verdrängen vermag oder diese erst gar nicht aufkommen lässt. So stehen für Sali und Vrenchen das irdische Glück und damit die Verwirklichung ihrer Liebe über allem. Das Sterben und das Danach sind ihnen ein Nichts: »[W]as danach kam, Tod und Untergang, war ihnen ein Hauch, ein Nichts, und sie dachten weniger daran als ein Leichtsinniger denkt, wie er den andern Tag leben will, wenn er seine letzte Habe verzehrt« (S. 78). Für beide kommt der Tod ohne die Liebe ebenso wenig in Frage wie die Liebe ohne den Tod. Sterben ist für die beiden Bauernkinder in dieser Stunde ein letztes Bekenntnis zum Dasein auf Erden.

■ Irdisches Glück wider Todesangst

Für Sali und Vrenchen aber sind Verstöße gegen die Ordnung und Regeln dieser Welt nur gutzumachen, wenn noch in dieser Welt Sühne geleistet wird. So ist der Tod für die Liebenden das, was Schuld aus der Welt bringt.

■ Tod als Sühne für verbotene Liebe

Lehrstück und Konfliktgeschichte

Kaum sind die beiden Bauernkinder aus dem Leben geschieden, folgt die Ernüchterung auf dem Fuß. Eine Zeitungsmeldung am Schluss der Geschichte zeigt unmissverständlich an: Salis und Vrenchens Freitod ist auf keinerlei Verständnis in der Gesellschaft gestoßen, erst recht hat er in keiner Weise etwas verändert. Die öffentliche Meinung qualifiziert den doppelten Freitod zweier junger Menschen, die keinen Ausweg aus ihrer Liebe und Not gefunden haben, als ein »Zeichen von der um sich greifenden Entsittlichung und Verwilderung der Leidenschaften« (S. 80) ab.

Unverständnis der Außenstehenden

Der Erzähler aber macht aus der Wiedergabe der Zeitungsnachricht ein kleines Lehrstück für seine außenstehenden Leser. Ihnen muss deutlich gesagt werden, wem hier eine Lektion zu erteilen ist. Zu verurteilen sind nicht Sali und Vrenchen, vielmehr alle diejenigen, die sich als Sittenwächter und Moralapostel in einer Sache aufspielen, in der sie sich selbst mitschuldig gemacht haben. Die beiden Bauernkinder haben in ihrer Ratlosigkeit und Verzweiflung nie eine Hilfe von außen erfahren. Man holt Vrenchen die letzte Habe aus dem Haus, ohne nach dem weiteren Schicksal des 17-jährigen alleinstehenden Mädchens zu fragen, und man grenzt Sali und Vrenchen ungeniert auf der Kirchweih aus, ohne sich einer sozialen Verantwortung bewusst zu werden. Den Kindern widerfährt eine Isolierung, der auch ihre Väter schon ausgesetzt waren; nur dass deren Untergang obendrein noch der Schadenfreude der Seldwyler Spaßgesellschaft ausgeliefert war.

Gegen Sittenwächter und Moralprediger

Sali und Vrenchen: Alleingelassene

Lediglich der schwarze Geiger, ein Landstreicher, bietet Sali und Vrenchen einen Ausweg, also eine Bleibe an: »›Da steht ihr‹, sagte er, ›wisst nicht wo hinaus und hättet euch gern. Ich rate euch, nehmt euch, wie ihr seid, und säumet nicht. Kommt mit mir und meinen guten Freunden in die Berge […]‹« (72 f.). Aber Sali und Vrenchen schlagen ja gerade deshalb das Angebot des schwarzen Geigers aus, weil sie ihrem Herkommen treu bleiben möchten. Kellers Geschichte gerät hier in den Bereich des Paradoxen: Zum einen ist den beiden Bauernkindern ein Zusammensein auf Dauer ohne Trauschein nicht erlaubt, außerdem erkennen die Mitmenschen nur ein von Schuld freies Liebesglück an. Zum anderen verurteilen sie Sali und Vrenchen aber gerade deshalb, weil beide diese ihnen vorgegebenen Wertvorstellungen respektieren, sich also gegen die freie Liebe, gegen die Verdrängung einer Familienschuld entscheiden, stattdessen ein Aus-der-Welt-Gehen vorziehen, um nicht die Normen ihrer bäuerlich-bürgerlichen Welt zu hintergehen.

■ Unaufgelöste Widersprüche

Deshalb ist Kellers *Romeo und Julia auf dem Dorfe* von Anfang an eine Konfliktgeschichte, die sich nicht nur in der Todfeindschaft zweier Bauern erschöpft, sondern darüber hinaus die Liebe ihrer Kinder in einen Gegensatz zu den Werten der damaligen heimatlichen Welt geraten lässt. Dieser Widerspruch ist nicht zu überbrücken, der Konflikt bleibt ungelöst. Sali und Vrenchen sind zwei Heranwachsende, die zwischen die Fronten geraten sind. Daher dürfen sie auf keine Unterstützung hoffen, weder von Seiten der Familie, der Landbevölkerung oder der Seldwyler noch letztlich von Seiten der Heimatlosen.

■ Konfliktgeschichte

Der Erzähler: Diskretion und Distanz

Der Einzige, der übrigbleibt, den beiden Hauptfiguren bis zuletzt Beistand zu leisten, ist der Erzähler (und in seiner Gefolgschaft der Leser), und das tut er auch, so weit er es vertreten kann: Freundlich, wohlwollend und einfühlsam verfolgt er das Schicksal der Bauernkinder. Er überzieht seine Geschichte mit einer sonnigen Wärme – tatsächlich herrscht außer einem Sommergewitter immer schönes Wetter – und lenkt den Blick auch noch im Unglück humorvoll auf komische Momente: So wenn Vrenchen trotz aller Angst und Bedrückung, sich »der wunderlichen Gestalt und der Nase des Geigers« (S. 38) erinnernd, plötzlich hell auflacht oder wenn Marti sich die »Zipfelmütze in die Augen und über die Nase« (S. 44) zieht, sodass der Irrsinn in mildem Licht erscheint.

■ Wohlwollender Erzähler

Von Anfang an signalisiert der Erzähler, dass der Ausgang der Geschichte feststeht. Schon die Einleitungsworte zur Tradition des Romeo-und-Julia-Stoffes lassen keinen Zweifel aufkommen. Der Titel legt den Konflikt und das tragische Ende fest, sodass der Erzähler in die Rolle eines Allwissenden gerät, auch wenn er an einigen Stellen seine souveräne Position ein wenig einschränkt: »*Wahrscheinlich* hatten sie den gleichen Gedanken, sich diese armen Zeichen [die Ringe] bei der Trennung zu geben« (S. 66; Hervorhebung von K.-D. M.). Auch zieht der Erzähler sich als Außenstehender diskret zurück und geht auf Abstand, als Sali und Vrenchen auf dem Heuschiff Hoch-

■ Allwissend?

■ Diskretion und Distanz

zeit halten, indem er seine Leser mit einer Landschaftsschilderung unterhält. Darüber hinaus will er mit diesem Wegschauen dem Vorwurf aus dem Wege gehen, seinem Lesepublikum Anstößiges zuzumuten. Zuletzt weist der Erzähler noch während der Handlung darauf hin, dass er bei aller Sympathie für seine Hauptgestalten das, was sie am Ende tun, nicht gutheißen will. Er kann es nur entschuldigen, vermerkt aber auch, den Blick auf den älteren Sali gerichtet, was erforderlich gewesen wäre, um die Katastrophe zu verhindern:

> »Wenn auch das Elend und die Hoffnungslosigkeit seiner Herkunft zu überwinden gewesen wären, so war seine Jugend und unerfahrene Leidenschaft nicht beschaffen, sich eine lange Zeit der Prüfung und Entsagung vorzunehmen und zu überstehen.« (S. 71)

■ Stellungnahme

In der Erstveröffentlichung der Novelle wird der Dichter in der Rolle des Erzählers noch deutlicher in Sachen Sali und Vrenchen, da er mit einer Nachrede schließt, in der er selbst zum Liebestod der zwei Bauernkinder Stellung nimmt:

> »Was die Sittlichkeit betrifft, so bezweckt diese Erzählung keineswegs, die Tat zu beschönigen und zu verherrlichen; denn höher als diese verzweifelte Hingebung wäre jedenfalls ein entsagendes Zusammenraffen und ein stilles Leben voll treuer Mühe

und Arbeit gewesen, und da diese die mächtigsten Zauberer sind in Verbindung mit der Zeit, so hätten sie vielleicht noch alles möglich gemacht; denn sie verändern mit ihrem unmerklichen Einflusse die Dinge, vernichten die Vorurteile, stellen die Ehre her und erneuern das Gewissen, so daß die wahre Treue nie ohne Hoffnung ist. […]«[11]

Wenn Keller diese Nachbemerkung in den folgenden Ausgaben streichen lässt, so heißt das noch lange nicht, dass er auch sein Urteil zurückgenommen hat. Vielmehr will er sich nur den Vorwurf ersparen, allzu offensichtlich den moralischen Zeigefinger zu heben. Vielleicht deutet das Verstummen des Erzählers am Ende auch etwas Ratlosigkeit oder sogar Resignation an; denn Schicksale, wie sie Sali und Vrenchen widerfahren, wurzeln »tief im Menschenleben« (S. 3). Die Dichter können, ja müssen sich ihrer zwar bedienen, verhindern können sie diese Schicksale aber nicht. Dem außenstehenden Leser ihrer Werke bleibt es vorbehalten, aus den Geschichten der Romeos und Julias seine eigenen Lehren zu ziehen.

11 Zitiert nach: Sautermeister (s. Anm. 4), S. 65.

7. Autor und Zeit

Leben	Werk
1819 19. Juli: Geburt in Zürich **1824** Tod des Vaters **1834** Verweis von der Kantonalen Industrieschule. Erlernen der Landschaftsmalerei **1840–42** In München: Fortbildung in der Landschaftsmalerei	
	1846 *Gedichte.* Erstveröffentlichung. Insbesondere vaterländische und politische Gedichte sowie Gedanken-, Natur- und Liebeslyrik
1848–55 In Heidelberg und Berlin: Weiterbildung als Schriftsteller	**1854/55** *Der grüne Heinrich.* Autobiographischer Roman in vier Bänden. Die Lebensgeschichte des Landschaftsmalers Heinrich Lee
1856 Freier Schriftsteller in Zürich	**1856** *Die Leute von Seldwyla. Erzählungen*, später mit dem Zusatz versehen: *Erster Teil.* Enthält u. a. *Romeo und Julia auf dem Dorfe*
1861 Erster Staatsschreiber des Kantons Zürich **1864** Tod der Mutter **1866** Freitod der Verlobten Luise Scheidegger	

Leben	**Werk**
	1872 *Sieben Legenden.* Kurze Erzählungen bzw. Parodien auf süßlich-fromme Legenden des Pfarrers und Schriftstellers Ludwig Theobul Kosegarten **1873/74** *Die Leute von Seldwyla. Erzählungen. Zweiter Teil*
1876 Abschied vom Staatsdienst	
1877–87 Briefwechsel mit Theodor Storm	**1877** *Züricher Novellen.* Fünf historische Erzählungen bzw. Novellen: *Hadlaub, Der Narr auf Manegg, Der Landvogt von Greifensee, Das Fähnlein der sieben Aufrechten* und *Ursula*
	1879/80 *Der grüne Heinrich.* Neufassung **1881/82** *Das Sinngedicht.* Novellenzyklus mit sechs Liebesgeschichten **1883** *Gesammelte Gedichte* **1886** *Martin Salander.* Alters- und Zeitroman
1888 Tod der Schwester Regula	
	1889 *Gesammelte Werke* in zehn Bänden
1890 15. Juli: Tod in Zürich	

Die Fremde: eine Bewährungsprobe

Als Gottfried Keller 1855 *Romeo und Julia auf dem Dorfe* schreibt, lebt der Schweizer Dichter bereits seit sieben Jahren in Deutschland, davon fünf in Berlin. Diese Berliner Zeit ist inzwischen für den Züricher zu einer schweren Bewährungsprobe geworden, die er vor einer Rückkehr in die Heimat bestehen muss:

Berliner Not

Als freier Schriftsteller hat Keller kein ausreichendes Einkommen, sodass er sich immer wieder verschuldet. Die Stipendiengelder, die ihm mehrfach die Züricher Regierung hat zukommen lassen, sind endgültig aufgebraucht. Die Zuschüsse der Mutter reichen nicht aus, und die Honorarzahlungen aus seinem ersten Roman *Der grüne Heinrich* sind bereits ausgegeben, noch bevor nach einer äußerst mühseligen Entstehungszeit von sechs Jahren dem Verleger die letzten Manuskriptseiten zugegangen sind. Keller lebt in Berlin ohne echte Freunde, die Begegnungen in literarischen Kreisen bleiben oberflächlich, wobei die Geldnot obendrein Kontakte erschwert. Darüber hinaus quält den Schweizer Dichter das Heimweh und dazu kommt, dass der kleinwüchsige Mann sich auch noch hoffnungslos in eine großwüchsige Schöne namens Betty Tendering verliebt, was wiederum seinen Arbeitswillen arg beeinträchtigt, da ihm der Kopf ganz woanders steht.

In dieser Lage macht sich Keller daran, fünf Geschichten, die er schon längst im Kopf fertig hat, niederzuschreiben und sie seinem Verleger Eduard Vieweg in Braunschweig von Berlin aus nach und nach zuzusenden. Anfang 1856, als Keller bereits in seine Schweizer Heimat zurückgekehrt ist, erscheinen diese in Buchform unter dem Titel *Die Leute von Seldwyla* (von 1874 an als *Erster Teil* bezeichnet, da nun fünf weitere Geschichten folgen). Die mittlere dieser ersten fünf Geschichten, also die dritte in der Reihenfolge, ist *Romeo und Julia auf dem Dorfe* (in der Neuauflage von 1874 rückt sie an die zweite Stelle). Sicher verbirgt sich hinter dieser wie auch hinter den anderen Geschichten einiges von den Beschwernissen und Bedrückungen der Berliner Zeit: Vielleicht erfüllt sich mit *Romeo und Julia auf dem Dorfe* der damals so unglücklich liebende Gottfried Keller insgeheim seinen Wunschtraum auf Papier, indem er eine innige, durch nichts zu trennende Liebe, die ihm selbst nie vergönnt ist, in seiner Dichterphantasie gestaltet. Auch das Schweizer Milieu der *Leute von Seldwyla* und die ländliche Atmosphäre in *Romeo und Julia* deuten auf eine Bewältigung von Heimweh nach Dichterart. Gleichfalls sind Geldnot, Armut und Außenseitertum in Kellers Dorfgeschichte nicht nur von außen übernommene Themen und Motive, sondern ebenso Resultate von Selbsterfahrung in der Fremde.

■ *Die Leute von Seldwyla*

■ Biographische Einflüsse

Schweizer Heimat und Reisen nach Deutschland

Gottfried Keller ist Mitte 30; nach Jahren gezählt, steht er genau in der Mitte seines Lebens, als er *Romeo und Julia auf dem Dorfe* zu Papier bringt und veröffentlicht. Er ist am 19. Juli 1819 in Zürich geboren und am 15. Juli 1890, also vier Tage vor Vollendung seines 71. Lebensjahres in seiner Geburtsstadt gestorben. Gottfried Keller ist das zweite von sechs Kindern des Drechslermeisters Hans Rudolf Keller und der Arzttochter Elisabeth geb. Scheuchzer. Von seinen fünf Geschwistern überlebt nur die jüngere Schwester Regula die frühe Kindheit. Sie führt später bis zu ihrem Tod dem älteren Bruder treu den Haushalt.

■ Herkunft und Familie

Mehr als 60 seiner knapp 71 Lebensjahre verbringt Keller im Züricher Raum, was ihn zu einem bodenständigen Dichter werden lässt, der vor allem die Schweizer Heimat zum Gegenstand seines Schreibens macht, ohne aber jemals in Verdacht zu kommen, ein Heimatdichter zu sein.

Der in seiner Züricher Heimat fest verwurzelte Keller verlässt nur zweimal für längere Zeit die Schweiz, und zwar beide Male in Richtung Deutschland. Zuerst reist der knapp 21-Jährige in die süddeutsche Kunststadt München, um dort die Landschaftsmalerei zu erlernen. Nach eineinhalb Jahren ist das Vorhaben gescheitert, und er kehrt zur Mutter nach Zürich zurück. Dieser Aufenthalt wird übrigens zu Thema und Stoff seines ersten Romans *Der grüne*

■ Richtung Deutschland

Abb. 7: »Zeit bringt Rosen / Gottfr. Keller den 2t. Mai 1854«, Pastellbild von Ludmilla Assing

Heinrich. Eine zweite Reise führt Keller – wie bereits erwähnt – sechs Jahre später in Richtung Norden. Die Jahre in Heidelberg und Berlin sollen seiner Ausbildung als Schriftsteller, insbesondere als Dramatiker, dienen, wobei ihm wohlgesonnene einflussreiche Züricher zu mehreren Stipendien verhelfen. Dieser Aufenthalt in der Fremde wird tatsächlich grundlegend für Kellers dichterische Entwicklung, jedoch nicht als Bühnenautor. Zeit seines Lebens bringt er kein Drama zum Abschluss, wenn er auch mit seiner Geschichte von Romeo und Julia an ein weltberühmtes dramatisches Werk anschließt.

Nach seiner Rückkehr aus Deutschland unternimmt Keller keine längeren Reisen mehr, doch orientiert sich der Schweizer Dichter mit seiner Arbeit weiterhin fast ausschließlich in Richtung Norden: Alle Verleger seiner Werke sind in Deutschland zu Hause, der Briefverkehr mit Dichterkollegen (unter anderem mit Theodor Storm) geht nach Deutschland und kommt von dort, vor allem aber verdankt Keller schließlich einem breiten Lesepublikum im nördlichen Nachbarland ein gesichertes Einkommen als Schriftsteller.

Vaterverlust – Schulverweis – Liebesleid

Früher Tod des Vaters

Insbesondere zwei Ereignisse der Kinder- und Jugendzeit prägen Kellers Persönlichkeit: Zum einen verliert er im Alter von fünf Jahren seinen Vater. Auch als die Mutter vorübergehend eine zweite Ehe eingeht, ändert sich im Grunde nichts daran, dass der heranwachsende Gottfried eine Halbwaise ist; denn der Stiefvater bleibt ihm stets ein fremder Mann. Dieser frühe Vaterverlust grundiert Kellers dichterisches Werk, in dem immer wieder vaterlose Söhne und alleinerziehende Mütter eine herausragende Stellung einnehmen. Vielleicht ist auch die Vätergeschichte in

Romeo und Julia auf dem Dorfe eine verdeckte nachgeholte Auseinandersetzung mit dem fehlenden Vater im eigenen Leben.

Zum anderen wird Keller im Alter von 15 Jahren von der Schule verwiesen, da er Anführer einer Hetzaktion gegen einen Lehrer gewesen sein soll, was nach dem Zeugnis seiner Biographen aber nicht zutrifft. So bleibt der heranwachsende Keller ohne Schulabschluss, und was noch folgenschwerer ist: Er hat in diesem Alter keine Berufsvorstellung, die zu einer soliden Existenzsicherung geführt hätte. Der alleingelassene junge Mann wird zum Autodidakten, eignet sich also sein Wissen selbst an, was ihn in der Berufsfindung um Jahre zurückwirft. Sein baldiger Entschluss, Landschaftsmaler zu werden, erweist sich als Fehlentscheidung, die er nach seinem ersten Deutschlandaufenthalt in München (1840–42) korrigieren muss: Krankheit und finanzielle Probleme zwingen ihn, in seine Heimat zurückzukehren und auf eine andere Weise Geld zu verdienen. Bis zum Alter von 42 Jahren geht Keller keiner geregelten beruflichen Tätigkeit nach und hat bis dahin kein regelmäßiges Einkommen.

■ Schulverweis

Ein dritter Umstand erhält nach und nach immer stärkeres Gewicht in Kellers Leben: Der kleinwüchsige, nicht sehr vorteilhaft aussehende Mann liebt mehrmals großgewachsene, attraktiv aussehende Frauen, denen er im ursprünglichen Sinn des Wortes nicht gewachsen ist. Liebesleid reiht sich an Liebesleid, und als sich der fast 47-jährige Junggeselle mit

■ Liebesleid

der weit über 20 Jahre jüngeren Konzertpianistin Luise Scheidegger verlobt, scheidet die zu Schwermut neigende Braut freiwillig aus dem Leben. Die Folge dieses Schicksalsschlags und aller Liebesenttäuschungen ist ein stilles Entsagen, ein immer stärkeres Sichzurückziehen und eine Neigung zu Verschlossenheit: Der Dichter behandelt jeden grob, der sich ihm zu nähern wagt. Keller wird zu einem trinkfesten Junggesellen und einem stacheligen Einzelgänger. In seiner Dichtung aber erfindet er auffällig schöne Frauengestalten, die nicht nur das Leben meistern, sondern auch den Männern vormachen, wie sich das Dasein erfolgreich bewältigen lässt.

■ Junggeselle, Einzelgänger

Staatsschreiber und freier Schriftsteller

Nach anfänglichen Schwierigkeiten ist Keller ab seinem 42. Lebensjahr finanziell gut versorgt: Wiederum stehen ihm wohlgesonnene Züricher Persönlichkeiten zur Seite, als ob der ungerechte Schulverweis endlich gutzumachen wäre. Keller wird zum Ersten Staatsschreiber des Kantons Zürich berufen. Er übt dieses Amt 15 Jahre lang gewissenhaft aus, sodass er zu einem geregelten Arbeitsrhythmus sowie zu einer gut bezahlten Tätigkeit kommt. Allerdings zieht die Art des Schreibens in Verwaltung und Politik den Dichter Keller fast ganz von seiner schriftstellerischen Tätigkeit ab. Von dieser Seite aus betrachtet, scheinen viele dieser Beamtenjahre verlorene Zeit. Für Kellers Lebensbewältigung aber ist die Tätigkeit in der Züri-

■ In Staatsdiensten

cher Staatskanzlei ein Lebensabschnitt, in dem er seine Verhältnisse stabilisiert und die Existenzgrundlage für den Beruf als freier Schriftsteller schafft.

Nach dem freiwilligen Ausscheiden aus dem Staatsdienst kommt dann tatsächlich alles das zur Ausführung und zum Abschluss, was der Erzähler Keller seit seiner Berliner Zeit an Plänen mit sich herumträgt und was sich in seiner Amtszeit im Stillen weiterentwickelt hat. In seinen verbleibenden nicht mehr ganz 15 Jahren gelingt sogar eine Abrundung der dichterischen Arbeit, indem er ein Jahr vor seinem Lebensende mit den *Gesammelten Werken* selbst noch den Schlusspunkt setzen kann, sodass er ein geordnetes, festgefügtes Werk hinterlässt.

■ Freier Schriftsteller

35 Jahre nach dem Erscheinen von *Romeo und Julia auf dem Dorfe* endet Kellers Leben in Zürich. Der Maler Arnold Böcklin, sein einziger Begleiter und Freund der letzten Jahre, sitzt am Sterbebett, als Keller aus der Welt geht.

■ Lebensende

Kellers poetischer Realismus und Nachklänge der Romantik

Die Literaturwissenschaftler haben dem Dichter Keller einen festen Platz in der Literaturgeschichte zwischen 1850 und 1890 zugewiesen; denn der Schweizer gilt neben seinem Landsmann Conrad Ferdinand Meyer sowie seinem norddeutschen Brieffreund Theodor Storm als einer der Hauptvertreter des poetischen Realismus, und die Geschichte von *Romeo und Julia auf dem Dorfe* führt man immer wieder als ein Beweisstück für eine solche Zuordnung an.

Das Realistische

Bereits die Eingangszeilen der Novelle bekunden das Bestreben des Erzählers, an die Realität anzuknüpfen, wenn er von einem »wirklichen Vorfall« (S. 3) spricht, von dem das Folgende ausgeht. Realitätsbezogen bis in Details sind dann die ländliche Welt, die alltäglichen Tätigkeiten, Gewohnheiten, Wertvorstellungen, aber auch die Schwächen und Bosheiten von Landbewohnern. Wohlstand und Armut im kleinstädtisch-bäuerlichen Milieu, sozialer und wirtschaftlicher Verfall, Streit und Unrecht der Bauern Manz und Marti, Liebe und Sterben der Kinder Sali und Vrenchen begründen sich einsichtig, schlüssig und mit innerer Notwendigkeit. Nichts ist überzogen, alles kommt ohne künstliche Zutaten zum Austrag. Am Ende bekräftigt Keller nochmals diesen Wirklichkeitsanspruch, indem er die Geschichte mit einer Zeitungsmeldung abschließt, als ob er darauf hinweisen möchte, dass das Erzählte zu jeder Zeit in eine nicht-poetische Textform, in die Wirklichkeit, zurückgeführt werden könne. Dabei lässt Keller nicht die Großen der Welt, sondern die Kleinen des Alltags agieren, und die Geschehnisse spielen sich nicht in großen Städten, auf herrschaftlichen Adelssitzen oder vor einer eindrucksvollen Naturkulisse ab, sondern im Vertrauten, Begrenzten und Überschaubaren, im Regionalen und Lokalen, wie es die bäuerliche, kleinbürgerliche Welt der nördlichen Schweiz vorgibt.

Gerät allerdings das wirkliche Leben auf den Schreibtisch eines Literaten, dann verändert es sich auf eigene Art und Weise: Zwei Bauernkinder werden zu Romeo und Julia, die Zeitungsmeldung wächst sich zur Kunstform Novelle aus. Gegenständliches wie Ackerland, Steine und Häuser verwandeln sich in tiefsinnige Bilder und Symbole. Der Erzähler kleidet das Geschehen in eine humorvolle Erzählweise, und er wird zum Propheten, der alles so voraussieht, wie es die literarische Überlieferung vorgibt. Die Vertreter des poetischen Realismus neigen dazu, und so auch Keller, das Hässliche auszublenden oder es zumindest in einem milden Licht erscheinen zu lassen; denn das Schöne, die Poesie, soll nicht verlorengehen; deshalb sind auch die Kritik an sozialen Missständen wie auch die Opposition gegen das Bestehende oder sogar die Herrschenden leise und zurückhaltend. Daher wandelt sich der schwarze Geiger am Schluss mehr und mehr zu einer märchenhaften, mythologischen Figur, statt als Ankläger gegen das Machtstreben der Besitzenden aufzutreten.

■ Poesie

Keller kann in seiner Geschichte aber auch nicht die Spuren der Romantik (1790–1848) verwischen, besonders Erzählmotive aus Märchen klingen immer wieder nach: So erinnert die arme Vrenchen in ihrer heruntergekommenen Behausung und unter der Tyrannei des Vaters an Aschenputtel. Sali aber, mit dem biblischen Königsnamen Salomon ausgestattet, erscheint auf Martis Hof wie ein Prinz, der das schöne Kind befreien und als seine Braut heimführen will. Zu

■ Nachklänge aus der Romantik

Das Märchenhafte

einer solchen Erlösungsgeschichte gehört auch das Paar Tanzschuhe, das Sali mitbringt, und es passt wie angegossen; denn Vrenchen und sonst keine ist die Richtige. Die beiden, die sich gefunden haben, besitzen den einen Wunsch, nur einen Tag miteinander glücklich zu sein, und so sind es immer wieder Märchenmotive (Wanderschaft, Lebkuchenhaus, Ringe, Tanz und Musik), die das verwirklichen sollen. Theodor Fontane, Kellers Dichterkollege aus der Zeit des Realismus, vermerkt nicht ohne Kritik : »[D]ie zweite Hälfte ist, wenn nicht ein Märchen, so doch durchaus märchenhaft. [...] So sprechen sie [die Kinder] denn nicht wie ›Vrenchen und Saly‹, sondern wie ›Brüderchen und Schwesterchen‹ [...].«[12] Alles Märchenhafte aus vergangener Zeit zerbricht aber letztlich an der sozialen und wirtschaftlichen Realität des Hier und Heute. Nur mit dem Liebestod klingt noch einmal ein Motiv aus der Romantik nach, das allerdings von den Außenstehenden gefühl- und verständnislos als schwerer Verstoß gegen Sitte und Moral missdeutet wird.

12 Theodor Fontane, *Gottfried Keller. Ein literarischer Essay*, Berlin 1883; zitiert nach: Sautermeister (s. Anm. 4), S. 134.

8. Rezeption

Anfangs konnte man Kellers Novelle *Romeo und Julia auf dem Dorfe* nur kennenlernen, wenn man *Die Leute von Seldwyla* zur Hand nahm; die Geschichte von Sali und Vrenchen muss sich in dieser Erstausgabe mit vier weiteren Erzählungen die Aufmerksamkeit der Leser teilen, nämlich mit *Pankraz, der Schmoller, Frau Regel Amrain und ihr Jüngster, Die drei gerechten Kammmacher* und *Spiegel, das Kätzchen.* Lange Zeit hatte der Dichter Bedenken, eine Einzelgeschichte aus dem Gesamtzusammenhang der *Leute von Seldwyla* herauszureißen, obwohl *Romeo und Julia auf dem Dorfe* von Anfang an das besondere Interesse der Literaturkritiker galt. Der zu Kellers Zeit äußerst populäre Schreiber von Dorfgeschichten Berthold Auerbach stellte schon wenige Monate nach Erscheinen von *Romeo und Julia* fest, dass der Autor »in dieser Erzählung im Bau des Ganzen wie in wahrhaft berauschenden Einzelheiten ein Kunstwerk geschaffen, das nicht viele seines Gleichen in der deutschen Literatur hat, und diese Erzählung allein müsste Gottfried Keller den Namen eines vollgediegenen Dichters zuwenden«.[13]

■ Eine von fünf *Seldwyler* Geschichten

Nachdem *Romeo und Julia auf dem Dorfe* in Zeitschriften und Sammelbänden abgedruckt worden war, erschien zum Weihnachtsgeschäft 1875 eine erste

13 Berthold Auerbach, »Gottfried Keller von Zürich«, in: *Augsburger Allgemeine Zeitung* (1856) 108, S. 1721–1723; zitiert nach: Sautermeister (s. Anm. 4), S. 131.

Einzelausgabe

Übersetzungen

Neben Lob auch Kritik

Einzelausgabe. Sicherlich trug zu dem hohen Bekanntheitsgrad dieser Geschichte auch bei, dass die Gattung der Dorfgeschichte zu dieser Zeit äußerst populär und die Thematik des Romeo-und-Julia-Stoffes bereits bekannt war. Erstaunlich ist allerdings, dass Kellers tragische Liebesgeschichte schon nach zwei Jahren ins Französische übertragen war und der Dichter noch zu Lebzeiten feststellen konnte, dass seine Erzählung in die meisten europäischen Sprachen übersetzt wurde.[14]

Neben Lob kam auch frühzeitig Kritik an Kellers Geschichte von Sali und Vrenchen auf: Einmal wird die belehrende, fast zurechtweisende Nachrede, die der Dichter der Handlung in der Erstveröffentlichung noch anhängt,[15] als reichlich überflüssig angesehen, sodass dieser bald von sich aus beschließt, mit der Zeitungsmeldung den Schlusspunkt zu setzen und auf jede weitere Kommentierung zu verzichten; denn auch unausgesprochen ist alles gesagt. Schwerer wiegen Vorwürfe – besonders massiv kamen sie übrigens aus Dänemark –, Kellers *Romeo und Julia* rede mit der Hochzeit zweier Bauernkinder auf einem Heuschiff der freien Liebe das Wort. Noch 1919, also im Jahr der

14 Siehe hierzu Kellers Brief vom 18. August 1887 an den Züricher Lehrer und Schriftsteller Adolf Vögtlin, der *Romeo und Julia auf dem Dorfe* ins Englische übersetzen wollte, in: Sautermeister (s. Anm. 4), S. 118.

15 Vollständiger Erzählschluss der Erstausgabe in: Gottfried Keller, *Romeo und Julia auf dem Dorfe*, hrsg. von Wolfgang Pütz, Stuttgart 2013 (Reclam XL, Text und Kontext, 19040), S. 87 f.

Feier von Kellers 100. Geburtstag, wurden sogar in Zürich Stimmen laut, die sich aus diesem Grund gegen die Novelle als Schullektüre wandten: »So ergreifend die tragische Liebesgeschichte von Sali und Vreneli ist, die Hochzeitsnacht auf dem Heufuder – eine Kinderlektüre!!! Meister Gottfried fände es gewiss selber eine Eselei. Aber modern ist man in Zürich!«[16]

Doch auch der doppelte Freitod von Sali und Vrenchen blieb als Lösung des Konfliktes umstritten, da er allzu leichtfertig Jugendliche zur Nachahmung einlade.

Heute steht *Romeo und Julia auf dem Dorfe* als Pflicht- oder Wahllektüre unumstritten in den Lehrplänen und Leselisten des Deutschunterrichts. Schulbuchverlage bieten zahlreiche preisgünstige Textausgaben und Interpretationshilfen für Schüler und Lehrer an. Neben *Kleider machen Leute* ist diese Geschichte das bekannteste und meistgelesene Werk von Keller. Wissenschaftliche Einzeluntersuchungen zu allen Aspekten dieser Novelle bilden einen zuverlässigen Forschungsstand mit immer wieder neuen Fragestellungen und Sehweisen.

■ Schulklassiker

Schon zu Kellers Lebzeiten reizte es Künstler, *Romeo und Julia auf dem Dorfe* ins Bild umzusetzen. Der Maler Eduard Kurzbauer illustrierte die Geschichte in elf Bildern, die 1879 in Wien ausgestellt und 1882 von der Nationalgalerie in Berlin erworben

■ Illustrationen

16 Zitiert nach: Alfred Zäch (Hrsg.), *Gottfried Keller im Spiegel seiner Zeit. Urteile und Berichte von Zeitgenossen über den Menschen und Dichter*, Zürich 1952, S. 258.

wurden. 1887 erschien dann die erste bebilderte Ausgabe der Dorfgeschichte im Verlag Wilhelm Hertz in Stuttgart. Allerdings äußerte Keller wiederholt seine Bedenken, dass eine Illustration des Textes »die frei wirkende Vorstellungskraft des Lesers um so mehr bevormunden wird«.[17]

Vertonung

Während eine illustrierte Ausgabe den Text selbst unangetastet lässt, muss sich dieser bei einer Vertonung der Musik anpassen, ja sogar unterordnen; deshalb war Keller erst recht abweisend, als es um eine Bearbeitung von *Romeo und Julia* für die Opernbühne ging. Schließlich kam es aber 17 Jahre nach Kellers Tod (1907) doch zur Premiere von *Romeo und Julia auf dem Dorfe* an der Komischen Oper in Berlin, also in der Stadt, in der Keller die Novelle vor etwas mehr als einem halben Jahrhundert niedergeschrieben hatte. Komponist war der Brite Frederick Delius, der auch das Libretto, zuerst in Englisch, verfasste. 1910 wurde die Oper dann in London als *A Village Romeo and Juliet* dem englischen Publikum vorgestellt. Delius' Adaption von Kellers *Romeo und Julia* wird noch heute auf deutschen Bühnen aufgeführt: etwa 2012 (als Wiederaufnahme) am Staatstheater Karlsruhe oder 2015 am Theater Bielefeld.

Verfilmung

Eine weitere Auflösung des Textes als Wortkunstwerk zugunsten von bewegtem Bild und szenischem Spiel folgte, als Film und Fernsehen zu Massenmedien des 20. Jahrhunderts aufstiegen: 1941 wurde *Ro-*

17 Siehe Kellers Brief vom 1. Juli 1884 an den Verleger Ferdinand Weibert, in: Sautermeister (s. Anm. 4), S. 117.

Abb. 8: Szene mit Vrenchen, Sali und dem schwarzen Geiger aus *Romeo und Julia auf dem Dorfe* am Staatstheater Karlsruhe, komponiert von Frederick Delius. Regie: Arila Siegert, musikalische Leitung: Justin Brown. – © Jochen Klenk

meo und Julia auf dem Dorfe erstmals von der Schweizer Pro-Film-Genossenschaft in Schwarzweiß verfilmt (Regie: Hans Trommer und Valérien Schmidely). 1967 entstand ein Film des Bayerischen Rundfunks (Regie: Willi Schmidt). 1983 kam es zu einer DDR-Verfilmung in einer DEFA-Produktion (Regie: Siegfried Kühn) und 2003 zu einem Fernsehfilm des ORF und MDR mit dem Titel *Ich gehöre dir / In Liebe vereint* mit Franziska Weisz und Armin Rohde (Regie: Holger Barthel).

Als schließlich das Hörbuch im Buchhandel Einzug hielt, war Kellers Dorfgeschichte seit Mitte der 90er-Jahre auf Kassette und CD zugänglich – inzwi-

Hörbuch

schen ist die Novelle als Hörbuch auch online abrufbar, beispielsweise auf Youtube oder bei Spotify. Damit erhält der Originaltext wieder sein unumschränktes Recht zurück. Eine besondere Bedeutung kommt jetzt aber dem Rezitator und dessen Vorlesekunst zu; denn aus dem Leser ist ein Hörer geworden.

9. Prüfungsaufgaben mit Lösungshinweisen

Aufgabe 1: Manz' und Martis Pflügerarbeit. Textinterpretation

Arbeitsauftrag

Lesen Sie die folgenden Textabschnitte:

S. 3,15 – S. 4,27 und S. 10,25 – S. 11,11

Beschreiben Sie die Feldarbeit der Bauern Manz und Marti und beurteilen Sie deren Tun. – Deuten Sie »Zipfelkappe« (4,11), »Gestirne« (4,20) und »Weberschiffchen« (11,9) als Sinnbilder: Auf welche zukünftigen Geschehnisse verweisen sie?

Lösungshinweise

Die vordergründige Geradlinigkeit und Harmonie des Arbeitens sowie die Ruhe und Friedfertigkeit des Landschaftsbildes täuschen eine Idylle vor, die ein anderes Geschehen verdeckt: Die bodenständige Tätigkeit der Bauern lässt nicht vermuten, was erst gegen Ende der Szene offenkundig wird, nämlich dass sie unauffällig und stillschweigend Land rauben.

Dabei setzt der Erzähler von Anfang an Zeichen, dass es bei diesem friedlichen Jetzt nicht bleiben wird: Durch die »Zipfelkappe«, die »Gestirne« und das »Weberschiffchen« werden Streit, Niedergang und Ruin zweier gestandener Bauernfamilien eines Ackerzipfels wegen frühzeitig in Bildern angekündigt. (Siehe hierzu im Lektüreschlüssel das Unterkapitel »Bilder, Linien, Dreiecke« in Kap. 4.)

Aufgabe 2: Begegnung auf dem Steg. Bildinterpretation mit Textgrundlage

Arbeitsauftrag

Lesen Sie den folgenden Textabschnitt:

S. 27,14 – S. 30,11

Ordnen Sie das Bild »Begegnung auf dem Steg« dem erzählten Geschehen zu, indem Sie sowohl das Tun des Vaters als auch das der Kinder beschreiben. Interpretieren Sie, inwiefern die dargestellte Figurenkonstellation auf den weiteren Verlauf der Geschichte deutet. Machen Sie sich abschließend Gedanken, ob Bedenken des Dichters Keller gegenüber einer Illustration des Erzähltextes (siehe im Lektüreschlüssel S. 90) einsichtig oder sogar berechtigt sind.

Lösungshinweise

Die Begegnung auf einem schmalen, schwankenden Steg ist der einzige Augenblick, da die beiden Bauern als Widersacher im langjährigen Familienstreit zusammen mit ihren beiden Kindern aufeinandertreffen, und zwar nicht

Abb. 9: Begegnung auf dem Steg; Holzschnitt von Ernst Würtenberger. – In: *Schweizerland* 5 (1919) H. 9/10

auf dem festen Boden ihrer Äcker wie zwölf Jahre zuvor bei einem gemeinsamen Frühstück, sondern ausweglos auf einem schwankenden Steg über einem reißenden Bach bei Blitz, Donner, Wind und Regen. Für die Väter bietet dies eine passende Gelegenheit zu einer handfesten Auseinandersetzung, für die Kinder ist es der Augenblick der gemeinsamen Schlichtung und des anschließenden Händedrucks. Alles das geschieht vielsagend nicht mehr auf festem Boden, sondern über fließendem Wasser. Neben diesem Handlungsmoment und dessen Stellenwert im Gesamtaufbau der Väter- und Kindergeschichte – die Szene entfacht die Liebe der Kinder zueinander und bedingt somit den weiteren Verlauf der Handlung – sind hier mehrere Motive wie das der Fische, des Wassers sowie des Unwetters beachtenswert (siehe hierzu im Lektüreschlüssel S. 39 f.).

Dass der Dichter Keller einer Illustration seines Erzählten gegenüber skeptisch ist, dieser Standpunkt sollte zur Überlegung führen, welche Wesensunterschiede zwischen Bild und Text bestehen: Auf welche Weise wirken die beiden Medien jeweils auf den Rezipienten ein, wie kommunizieren sie mit ihm?

Aufgabe 3: Der schwarze Geiger. Charakterisierung

Arbeitsauftrag

Nennen Sie in Tabellenform die Stellen in der Handlung, die vom schwarzen Geiger erzählen und an denen er selbst in das Geschehen eingreift. – Charakterisieren und interpretieren Sie den schwarzen Geiger als Schicksalsfigur in der Väter- und Kindergeschichte!

Lösungshinweise

Textstellen über den schwarzen Geiger			
Seite	Was passiert?	Was erfahren Sie über den schwarzen Geiger?	Inwiefern beeinflusst der schwarze Geiger das Geschehen?

Der schwarze Geiger (ohne Vor- und Nachname) ist von vornherein als Thema präsent, allerdings nur im Gespräch der pflügenden Bauern Manz und Marti und in deren heimlichem Tun. Erst nach zwölf Jahren erzählter Zeit tritt er persönlich in Erscheinung, und zwar begegnet er den nun fast erwachsenen Bauernkindern zweimal wegweisend. – Er ist heimatloser Landstreicher, Gelegenheitsarbeiter und Musikant, nämlich ein »Geiger«; sein Äußeres hat ihm den Beinamen »schwarzer« gegeben. Er ist der letzte Begleiter von Sali und Vrenchen vor ihrem Liebestod. In diesen Geschehnissen erweist er sich in einer Fülle von Deutungsmöglichkeiten als eine rätselhafte, unheimliche Figur mitten in einem dörflich bäuerlichen Milieu Alteingesessener.

Aufgabe 4: Steine und Wasser. Sachtextanalyse

Arbeitsauftrag

Fertigen Sie eine Strukturskizze an, in die Sie alle Textstellen der Novelle eintragen, in denen Steine und Wasser vorkommen. – Erklären Sie anhand des folgenden Sachtextes, inwiefern die Steine-und-Wasser-Ereignisse die »Logik der Erzählung« bestimmen und was der Autor Klaus Jeziorkowski unter dieser Bezeichnung versteht.

»Die Steine gehorchen der Gravitation. Die Schwerkraft und ihr unablenkbares Gesetz beherrschen die Logik der Erzählung. Alles lastet, alles ist und wird schwer, alles fällt und zieht in die Tiefe. Der Gravitation folgt, wie die Steine, nur umständlicher, sanfter, aber genauso unerbittlich das Wasser. Wie oben die schöne Höhe mit den Äckern und den Steinen, so ist das Wasser als das Unten, die tiefere Welt in der Erzählung von Anfang bis Ende vorhanden. Gleich das vierte Wort der eigentlichen Erzählung nach der vorangestellten Einleitung platziert den Fluss als das Basisniveau der an ihn grenzenden Ackerhöhe. Und wiederum das letzte Wort des Erzähltextes, vor der Nachbemerkung des Erzählers, nennt mit den ›Fluten‹ das Grab der beiden jungen Leute, das Grab der Erzählung, das Grab einer Welt, in der alles aufs Haben gestellt ist, das Grab einer Welt der Steine. So wie Steine mit dem Wasser immerzu und überall auf den tiefsten Punkt unserer Erde zuwandern dank der Schwerkraft, so ist es auch in unserer Geschichte, die nicht eher zur Ruhe kommt, als bis sie mit diesem letzten Wort am tiefsten Punkt ihres Raumes angekommen ist – eine im Totalen gefallene Welt. Von der Ackerhöhe am Beginn bis zur Flußtiefe am Ende fallen Geschehen und Menschenschicksal, *wie Wasser von Klippe zu Klippe geworfen.*«

Klaus Jeziorkowski, »Der Stein«, in: K. J., *Der Text und seine Rückseite*, Bielefeld 1995, S. 118 –131, hier S. 120. – © Aisthesis

Lösungshinweise

Mit einer Strukturskizze lässt sich die komplexe Geschichte von Sali und Vrenchen in einzelne Aspekte übersichtlich und vor allem anschaulich darstellen, um so die Zusammenhänge, Ursachen und Konsequenzen ihres Schicksals leichter verstehen zu können. Dazu werden erst alle Textstellen zu Steinen und Wasser gesammelt, diese dann geordnet und schließlich durch Oberbegriffe, Pfeile und Linien miteinander verbunden.

Die Strukturskizze soll sich an der »Fallhöhe« der Väter- und Kinderschicksale orientieren: Die Folgen des Streits zwischen den beiden Bauern führen sie und ihre

Familien konsequent und unaufhaltsam von oben nach unten, vom Festen zum Fließenden. Man denke an Manz' und Martis Absturz von gestandenen, angesehenen Bauern zu heruntergekommenen Anglern, ebenso an Salis und Vrenchens Hochzeitsnacht auf dem hoch beladenen Heuschiff und deren Liebestod in der Wassertiefe. (Siehe S. 40 f. im Lektüreschlüssel.)

Aufgabe 5: Zeitungsmeldung. Erörterung mit Textgrundlage und kreativem Schreiben

Arbeitsauftrag

Setzen Sie sich kritisch mit der Berichterstattung zum Tod zweier Jugendlicher am Schluss von Kellers Novelle auseinander. – Verfassen Sie einen Leserbrief, in den Sie Ihr Wissen und Ihre Meinung zum in der Nachricht berichteten und kommentierten Geschehen einbringen!

Lösungshinweise

Die Zeitungsmeldung zum Freitod zweier junger Menschen wirft Fragen auf: Bemüht sie sich sachgerecht, über das Geschehene zu informieren, drängt sie ihrer Leserschaft eine Meinung auf, will sie Leserkreise und Leserinteressen damit bedienen?

Im sich anschließenden Leserbrief sollte aufgrund der Lektürekenntnisse zum Ausdruck kommen, warum die beiden Jugendlichen freiwillig den Tod gewählt haben, und die Frage gestellt werden, ob nicht eine vorschnelle Berichterstattung und Kommentierung den Erwartungen bestimmter Lesergruppen entgegenkommen und welche Moralvorstellungen dabei in das Berichtete einfließen. Jedoch sollte auch nicht vorschnell und einseitig für die beiden Jugendlichen Partei ergriffen, sondern deren Handeln und Problemlösung ebenfalls kritisch überdacht werden.

Aufgabe 6: Romeo und Julia heutzutage. Kreatives Schreiben

Arbeitsauftrag

Entwerfen Sie eine Romeo-und-Julia-Geschichte aus unseren Tagen! – Nehmen Sie anschließend Stellung, inwieweit Sie traditionelle Motive und Symbole übernommen, zeitgemäße neu eingebracht haben, und begründen Sie Ihre Verfahrensweisen hierzu.

Lösungshinweise

Kellers Geschichte von Sali und Vrenchen ist nicht der Schlusspunkt zu allen Romeo-und-Julia-Dichtungen; vielmehr sind Thema und Geschehen eine immer wiederkehrende Wirklichkeit und nach wie vor präsent: Zwei sich liebende junge Menschen können nicht zusammenkommen; denn verfeindete Familien oder politische

Lager, extreme Parteien, fanatisierte religiöse Gruppen und Sekten, gewaltbereite Clans stehen den beiden im Weg. Man denke nur an zwei Jugendliche, die verschiedenen, sich feindlich gesinnten radikalen Fußball-Fanclubs angehören, oder an einen einheimischen, alteingesessenen jungen Mann, der zu einer ausländerfeindlichen Partei gehört, und an ein fremdländisches, heimatloses junges Mädchen – die jeweils eines Tages unverhofft sich in Liebe begegnen und nicht mehr voneinander lassen können.

10. Literaturhinweise/Medienempfehlungen

Berücksichtigt ist ausschließlich Literatur, die verhältnismäßig leicht zugänglich, in der Regel im Buchhandel zu erwerben oder in Büchereien bzw. Bibliotheken einzusehen ist. Ausgeklammert bleiben alle Aufsätze in wissenschaftlichen Zeitschriften.

Ausführliche Literaturhinweise finden sich zum Beispiel in:

Sautermeister, Gert: Erläuterungen und Dokumente. Gottfried Keller. *Romeo und Julia auf dem Dorfe.* Stuttgart 2003 [u. ö.]. (Reclams Universal-Bibliothek. 16032.)

Textausgabe

Der *Lektüreschlüssel* bezieht sich auf:

Gottfried Keller: Romeo und Julia auf dem Dorfe. Novelle. Hrsg. von Wolfgang Pütz. Stuttgart 2013 [u. ö.]. (Reclam XL. Text und Kontext. 19040.) – *Reformierte Rechtschreibung.*

Zu Gottfried Kellers Leben und Werk

Ajouri, Philip / Swales, Erika: Keller, Gottfried. In: Killy Literaturlexikon. Autoren und Werke des deutschsprachigen Kulturraumes. Hrsg. von Wilhelm Kühlmann in Verb. mit Achim Aurnhammer [u. a.]. Bd. 4: Fri–Hap. 2., vollst. überarb. Aufl. Berlin 2009. S. 344–349.

Bollenbeck, Georg: Keller, Gottfried. In: Metzler-Autoren-Lexikon. Deutschsprachige Dichter und Schriftsteller vom Mittelalter bis zur Gegenwart. Hrsg. von Bernd Lutz und Benedikt Jeßing. 3., aktual. und erw. Aufl. Stuttgart/Weimar 2004. S. 399 f.

Kittstein, Ulrich: Gottfried Keller. Stuttgart 2008.

Metz, Klaus-Dieter: Literaturwissen für Schule und Studium. Gottfried Keller. Stuttgart 1995. (Reclams Universal-Bibliothek. 15205.)

Trabert, Florian: Gottfried Keller. Marburg 2015. (Literatur Kompakt. Bd. 9.)

Interpretationen und Erläuterungen zu *Romeo und Julia auf dem Dorfe*

Brück, Martin: Gottfried Keller. *Romeo und Julia auf dem Dorfe*. Freising 2010.

Freund-Spork, Walburga: Gottfried Keller. *Romeo und Julia auf dem Dorfe*. Hollfeld 2012.

Haberl, Christina: Gottfried Keller. *Romeo und Julia auf dem Dorfe*. Aachen 2008.

Hein, Edgar: Gottfried Keller. *Romeo und Julia auf dem Dorfe*. 2., überarb. und erg. Aufl. München 2003.

Hermes, Beate: Lektürehilfen. Gottfried Keller, *Romeo und Julia auf dem Dorfe*. Stuttgart [u. a.] ^{8}2002.

Koebner, Thomas: Gottfried Keller. *Romeo und Julia auf dem Dorfe*. Die Recherche nach den Ursachen eines Liebestods. In: Erzählungen und Novellen des 19. Jahrhunderts. Bd. 2. Stuttgart 1990 [u. ö.]. S. 203–234. (Reclams Universal-Bibliothek. 8414.)

Stocker, Peter: *Romeo und Julia auf dem Dorfe*: Novellistische Erzählkunst des Poetischen Realismus. In: Interpretationen. Gottfried Keller. Romane und Erzählungen. Hrsg. von Walter Morgenthaler. Stuttgart 2007. S. 57–77. (Reclams Universal-Bibliothek. 17533.)

11. Zentrale Begriffe und Definitionen

Atheismus: griech. *átheos* ›ohne Gott‹. Weltanschauung, Überzeugung, dass kein Gott existiert; Bezeichnung für Gottesleugnung und Gottlosigkeit. Sali und Vrenchen verschwenden vor ihrem Liebestod keinen Gedanken an das, was nach ihrem Sterben sein könnte. Sie vertrösten sich und ihre Liebe nicht auf ein Jenseits. – Der Erzähler enthält sich ebenfalls jeder Sichtweise über das Irdische hinaus, sodass auch bei Manz und Marti keine Bestrafung nach ihrem Tod für ihr Fehlverhalten auf Erden in Erwägung gezogen wird .

➤ S. 67

Bild: literaturwissenschaftlicher Begriff für Wörter, Ausdrücke und Formulierungen, die über die eigentliche Wortbedeutung hinausreichen und Sachverhalte, Gedanken und Gefühle anschaulich werden lassen, sie ›verdichten‹. Formen von Bildern sind: Vergleich, Emblem, Metapher, Personifikation, Allegorie, ➤ Symbol. In *Romeo und Julia auf dem Dorfe* stehen Steine und Steinpyramide für Schuld und Schuldanhäufung der beiden Bauern, für das Unrecht, das sie dem schwarzen Geiger antun.

➤ S. 21, 39–41, 60–62

Dorfgeschichte: Erzählung aus der dörflich-bäuerlichen Welt mit starker Nähe zu Natur, Bodenständigkeit, Heimat und volksnaher Sprache, die ihre größte Entfaltung im 19. Jahrhundert in der Schweiz erfuhr. Trotz des Titels *auf dem Dorfe* und des dörflichen Milieus greift Kellers Geschichte aber weit über die Dorfwelt hinaus. Sie fügt sich als ➤ Novelle in die Kette bereits zu literarischer Geltung gelangter Werke ein, die vom Schicksal zweier sich liebender Menschen handeln, welche in ihrem Leben scheitern, weil die Welt um sie herum diese Liebe nicht zulassen will. Solche Schicksale bleiben jedoch milieufrei, drängen sich nach wie vor immer wieder in zeitgemäßer Umgebung der Dichtkunst auf.

➤ S. 46 f.

Erzähler: eine vom Autor in der epischen Dichtung geschaffene Figur, die zwischen der Welt des Erzählten und der des Lesers vermittelt. Autor und Erzähler sind also nicht identisch, können sich aber ähneln. Der Erzähler erscheint im erzählten Text entweder selbst als Figur oder lässt sich unerwähnt und ungenannt. Der Erzähler in *Romeo und Julia auf dem Dorfe* ist namenlos, steht außerhalb der Handlung, kommentiert aber, wenn auch zurückhaltend, wiederholt das von ihm erzählte Geschehen.

➤ S. 71–73

Erzählte Zeit: Zeitspanne, über die sich die erzählte Handlung erstreckt. Sie lässt sich anhand von Hinweisen im Text (Alters-, Zeitangaben) bestimmen: Sali und Vrenchen sind anfangs fünf und sieben (S. 5), schließlich 17 und 19 Jahre (S. 39) alt, daher beträgt die erzählte Zeit etwa zwölf Jahre (S. 26). Das Erzählte lässt sich dabei raffen, aber auch verdichten, der Erzähler beschleunigt oder verlangsamt also die Handlung.

➤ S. 35–37

Erzählzeit: Zeitdauer des Erzählens bzw. Lesens eines Prosatextes, abhängig von Textlänge und Lesegeschwindigkeit, also relativ unbestimmt. Die Erzählzeit lässt sich aber auch anhand der Seitenanzahl (in der Reclam-Ausgabe: 78 Seiten) messen.

➤ S. 35–37

Fabel: lat. *fabula* ›Rede, Erzählung‹. Thematisch stofflicher Grundplan bzw. das Handlungsgerüst einer dramatischen oder erzählenden Dichtung. Dieser Stoff- und Handlungskern zeigt den Handlungsverlauf und die Figurenkonstellation sowie die zentralen Motive in Kürze an, versteht sich jedoch nicht als Inhaltsangabe (siehe auch ➤ Stoff). Der Begriff in diesem Sinne ist zu unterscheiden von der als Fabel bezeichneten Tiergeschichte, die moralische Werte anschaulich zu vermitteln sucht.

➤ S. 8, 55 f.

Figuren: lat. *figura* ›Gestalt‹. In der Dichtung individuell oder typisiert auftretende Charaktere: entweder als Hauptfiguren, wie Manz und Marti sowie Sali und Vrenchen, oder als Nebenfiguren, wie die Ehefrau von Manz, oder als Randfiguren, wie Wirtin und Kellnerin. Der schwarze Geiger begegnet als Nebenfigur im Laufe der Handlung lediglich zweimal persönlich Sali und Vrenchen, drängt sich aber schließlich als Schicksalsfigur in den Vordergrund.

➤ S. 20 f.

Komposition: lat. *compositio* ›Zusammensetzung‹. Formaler und inhaltlicher Aufbau eines literarischen Werks; sinnvolle, schlüssige Zusammenfügung einzelner Elemente zu einer Einheit. In Kellers *Romeo und Julia auf dem Dorfe* ist es das von Beginn an unrechte Tun und Denken von Manz und Marti auf Kosten des schwarzen Geigers, das in schlüssiger Abfolge und mit ➤ symbolischer Begleitung (Dreieck, Steine) die beiden Bauern verwahrlosen lässt (Verwilderung) und bis zum Liebestod der Kinder im Wasser (Bodenlosigkeit) reicht.

➤ S. 41

Märchen: mhd. *mære* ›Botschaft, Kunde, Nachricht‹. Erzähltes in einfachen Formen: anschaulich, volksnahe, formelhafte Sprache, einsträngige Handlung, phantastisch wundervolle Begebenheiten und übernatürliche Kräfte. Volksmärchen sind ursprünglich mündlich als Erzählgut Erwachsener anonym überliefert worden. Dagegen erfahren Kunstmärchen als Werke einzelner Autoren eine bewusste literarische Verarbeitung von Motiven und Stoffen. Kellers Novelle weist motivisch immer wieder für Momente ins Märchenhafte, wenn beispielsweise Sali für Vrenchen genau passende Tanzschuhe besorgt oder die beiden Kinder ein Lebkuchenhaus erstehen. (Siehe hierzu auch ➤ Romantik)

➤ S. 64, 85 f.

Motiv: lat. *movere* ›bewegen‹. Kleinste sinntragende Einheit, die die Handlung in einem literarischen Text bewegt, vorwärtsdrängt und antreibt (»Beweg-Grund«). In Kellers Novelle drängen die Habgier der beiden Bauern und die Liebe ihrer Kinder das Geschehen unaufhaltsam weiter, ebenso greifen das Wilde, die Verwilderung in beiden Familien bis zum Ruin um sich.

➤ S. 58, 85 f.

Novelle: ital. *novella* ›Neuigkeit‹. Eine auf ein dramatisches Ereignis hin zugeschnittene Erzählform mit straffem Aufbau, einsträngiger Handlung und einem ➤ Wendepunkt (Umschlagen der Handlung). Oft enthält die Novelle Dingsymbole, ist dem Ereignis eher als den Figuren zugewandt und steht außerdem dem Drama nahe. Goethe definiert die Novelle als »eine sich ereignete, unerhörte Begebenheit«. Wendepunkt in der Liebesgeschichte von Sali und Vrenchen ist Salis Steinschlag, sodass den beiden Kindern ein bäuerlich-bürgerliches Zusammensein in Form einer Ehe unmöglich erscheint und das Geschehen zur Katastrophe drängt.

➤ S. 38 f.

Poesie: griech. *poíēsis* ›das Dichten‹. Wortkunst, sprachliches Gebilde mit ästhetischem Anspruch; umfassende Bezeichnung für Dichtung. Im engeren Sinn steht Poesie für Verskunst im Gegensatz zu Prosa als Erzähldichtung.

➤ S. 50, 85

Rahmen: ein Erzählen, das eine oder auch mehrere Binnenerzählung(en) umschließt, wobei ein Bezug und ein Spannungsverhältnis zwischen Rahmen und Binnenerzählung(en) entsteht. Oft liefert der Rahmen sogar den Anlass bzw. den Grund zum Erzählen von Geschichten. In *Romeo und Julia auf dem Dorfe* bilden die Berufung des Erzählers auf ein wirkliches Geschehen am Anfang und die Zeitungsmeldung über ein wiederum wirkliches Geschehen am Schluss eine leichte Einrahmung, die den Realitätsanspruch der Binnenerzählung verstärken soll.

➤ S. 38

Realismus: *von lat. reālis* ›wirklich‹. Literarische Epoche zwischen Klassik und ➤ Romantik einerseits und Naturalismus andererseits in der zweiten Hälfte des 19. Jahrhunderts (etwa 1848–1890). Der Realismus steht für eine wirklichkeitsgetreue, unverfälschte bürgerliche Darstellung der Alltagswelt in der Literatur, die die tiefgreifenden Veränderungen durch Naturwissenschaften, Industrie, Technik und Politik sowie Religion berücksichtigt. Dabei soll alles Abstoßende und Hässliche weitgehend ausgeblendet und ➤ Poesie einbezogen werden. Aus diesem Grund wird die Epoche auch »poetischer Realismus« genannt. Die bürgerlich-bäuerliche Welt von Sali und Vrenchen ruht auf dem festen Boden der sozialen und ökonomischen Verhältnisse in der Nordschweiz Mitte des 19. Jahrhunderts. Dabei ermöglicht die Darstellung von der bedingungslosen Liebe zweier junger Menschen eine Überhöhung der sozialen Wirklichkeit, ohne dass Streit, Elend und Tod das Poetische dieser Liebe verdrängen können.

➤ S. 83–86

Rezitator: lat. *recitare* ›laut vortragen‹. Sprecher, der kunstgerecht literarische Texte einer Zuhörerschaft persönlich oder mittels eines Mediums vorträgt.

➤ S. 92

Romantik: von engl. *romantic* ›romanhaft, unwirklich‹ (Wortbedeutung im 18. Jh.). Literarische Epoche zwischen Aufklärung und ➤ Realismus, zeitlich etwa parallel zur Klassik zwischen 1790 und 1830. Die Romantik steht für die Poetisierung der Wirklichkeit und des ganzen Lebens, für die Vereinigung der Künste zu einem Gesamtkunstwerk (»Universalpoesie«), für eine Dominanz des Individuums und des Genialen, für die Macht der Gefühle und der Phantasie, die alles Wunderbare, Dunkle, Unheimliche und Dämonische herausfordern. Ebenso gehört zur Romantik die Sehnsucht nach dem Ende des Lebens und dem Unendlichen über das Sterben hinaus. Nationale Züge der Epoche finden sich insbesondere in einer Vorliebe zum Volkstümlichen und Mythischen (Lieder, Sagen, Volksmärchen) sowie im Rückbezug auf das Mittelalter als geschichtliches Zuhause. Ab und zu klingen in Kellers *Romeo und Julia auf dem Dorfe* noch romantische Töne nach, so in den dämonischen Zügen des schwarzen Geigers oder im Liebestod der Kinder.

➤ S. 85 f.

Stoff: ein vorgegebenes Handlungsgerüst, ausgestattet mit Figuren, Örtlichkeiten und Zeitangaben, das sich in der Dichtung inhaltlich und formal neu gestalten lässt, also vor der jeweiligen dichterischen Verarbeitung liegt (siehe hierzu auch ➤ Fabel). Die Zeitungsmeldung in der *Züricher Freitags-Zeitung* vom 3. September 1847 und der Romeo-und-Julia-Stoff erweisen sich als Grundlage für *Romeo und Julia auf dem Dorfe.*

➤ S. 46–49

Symbol: griech. *sýmbolon* ›Merkmal, Kennzeichen‹. Erscheinungsform des ➤ Bildes als Sinnbild: Ein konkreter Gegenstand steht für einen abstrakten Begriff. Erscheint ein solches Sinnbild mehrmals wieder an anderer Stelle, wird es zum »Dingsymbol« und auch zum Leitmotiv. Der Bezug eines Symbols ist einsehbar, übertragbar, kann mehrdeutig sein und verweist auf einen höheren Zusammenhang, auf eine zentrale Bedeutung innerhalb einer Dichtung. In Kellers *Romeo und Julia auf dem Dorfe* verweisen die Steine auf dem mittleren Acker auf die schwere Schuld und das Unrecht der beiden Bauern, aber auch auf Salis Steinschlag, der Vrenchens Vater um den Verstand und die Kinder um ihr Liebesglück bringt.

➤ S. 32, 38 f., 85

Wendepunkt: auch »Peripetie« von altgr. *peripéteia* ›plötzlicher Umschlag‹. Unerwartetes, plötzliches Umschlagen der Handlung als Höhepunkt im Erzählaufbau einer Novelle (ebenso im Geschehen eines Dramas); ein Einschnitt im Schicksal einer Hauptfigur, der sich auf das Ende ausrichtet. Salis Schlag mit dem Stein an den Kopf von Vrenchens Vater Marti und dessen Verlust des Verstandes zwingen die Kinder auf den Weg hin zum Liebestod. (Siehe hierzu auch ➤ Novelle.)

➤ S. 38